Business Kollektiv

AF206201

Business Kollektiv

Das Business Kollektiv ist das Experten-Netzwerk rund um die Themen Beruf, Lifestyle und Persönlichkeitsentwicklung. Erfahrene Coaches mit gelebter und aktiver Berufs- und Trainingspraxis vermitteln in Online-Coachings, Seminaren und Büchern ihr Wissen, um Menschen dabei zu unterstützen, ihre berufliche und persönliche Entwicklung voranzubringen. Zu oft bleiben Menschen unter ihren Möglichkeiten, weil ihnen das Wissen, der Mut und die Einstellung fehlen, die nötig sind, um Veränderungen anzupacken. Das Business Kollektiv hat die Motivation, Wege aufzuzeigen - mit Know-how, echter Praxiserfahrung und Tough Talk.

Über dieses Buch:

Teil 1 dieser Buchreihe für Frauen zeigt die Irrtümer, an die Frauen im Job glauben auf, erklärt die Gründe, die dazu führen und präsentiert, worauf es wirklich ankommt.

In Teil 2 „Wie du in 10 Schritten deine Ziele im Job erreichst" erfahren die Leserinnen, anhand von Praxisbeispielen, welche Techniken sie konkret zur

Umsetzung anwenden können, um den Jobfallen zu entgehen und sich im Berufsalltag erfolgreicher durchzusetzen.

Über die Autorin:

Anna Rossi ist Expertin für die Themen Frauen im Job und junge Führungskräfte. Sie arbeitet in der Geschäftsführung einer Unternehmensgruppe der Medienbranche. Zuvor war sie u.a. für einen Vorstand eines internationalen Konzerns tätig sowie in Stabsfunktion bei einem internationalen Finanzdienstleister beschäftigt. Sie kennt die Probleme von Frauen im Job und die Missverhältnisse über das Wissen informeller Gesetze in Unternehmen aus erster Hand. Anna Rossl's Motivation ist es, dieses Wissen transparent zu machen, Möglichkeiten aufzuzeigen und vor allem - Frauen dazu anzustiften, aktiver zu werden und dieses Wissen für sich im Job zu nutzen.

Bibliografische Information der Deutschen Nationalbibliothek:
Die Deutsche Nationalbibliothek verzeichnet diese Publika-
tion in der Deutschen Nationalbibliografie; detaillierte bibliografische Daten sind im Internet über dnb.dnb.de abrufbar.

Dezember 2017
Herausgeber: A. Kerschbaumer, Postfach 700302,
81369 München
Copyright: 2017 Anna Rossi
Covergestaltung: Business Kollektiv
Lektorat: Anja Epp
Herstellung: BoD – Books on Demand, Norderstedt
ISBN: 9783746036496.

Bullshit, an den nur Frauen glauben

Anna Rossi

Teil 1

Was dich daran hindert, im Job erfolgreich zu sein

Kapitel

0

Vorwort

Dieses Buch dürfen auch Männer lesen und es gibt auch Männer, die an Bullshit glauben. Trotzdem wendet es sich in erster Linie an Frauen, denn sie haben immer noch größere Schwierigkeiten damit, die versteckten Regeln und Gesetze des Berufsalltags in einer männlich dominierten Arbeitswelt zu erkennen und für sich zu nutzen. Die Spielregeln der Jobwelt sind in den meisten Unternehmen die einer männlichen Sozialkultur oder anders: im Business gelten die Regeln von Männern. Je eher Frauen das begreifen und akzeptieren, desto schneller können sie sich darauf konzentrieren, diese Regeln selbst zu beherrschen und in ihrem Sinne zu nutzen.

Nur um Missverständnisse zu vermeiden: Hier geht es nicht um Männerbashing – dieses Buch ist kein feministisches Manifest. Dieses Buch zeigt dir, was du wissen musst, um in deinem Job als Frau erfolgreich zu sein.

Männer und Frauen leben in zwei verschiedenen Welten. Das erkennen wir immer dann, wenn Männer in den Kühlschrank schauen, in zwei Worten das Männerwochenende zusammenfassen und über nicht lustige Videos lachen. Manche Menschen glauben auch, dass sich geschlechtsspezifische Unterschiede beim Autofahren zeigen, aber lassen wir das. Sicher fallen dir selbst aus deinem eigenen Leben genügend Beispiele ein, die das belegen. Einige dieser Unterschiede machen sich auch in unserem Berufsalltag stark bemerkbar und tragen dazu bei, dass Frauen die Handlungsmuster, die in einer männlich-geprägten Unternehmenskultur wirken, nicht auf Anhieb erkennen. Wenn dir das bislang noch nie aufgefallen ist, dann beglückwünsche ich dich zum Kauf dieses Buches – du brauchst es definitiv.

Diese Strukturen dominieren, zwar weniger als noch vor einigen Jahrzehnten, aber immer noch sehr stark die Führungsetagen und vermutlich sind sie auch in deinem Unternehmen präsent. Die größten Unterschiede, die Männer und Frauen im Beruf voneinander trennen, sind die Art zu kommunizieren und damit auch die Art der Mitarbeiterführung, die Bedeutung als auch das Erfüllen von Anweisungen, die Bedeutung von Konkurrenz, die Einschätzung der eigenen Fähigkeiten und der Umgang mit Erfolg, Misserfolg, Kritik und Fordern. All das führt dazu, dass du als Frau oft nicht verstehst, wo der Fehler liegt, wenn du beruflich weiterkommen willst, dein Ziel aber einfach nicht näher rückt. Du hast zwar die Möglichkeit dein Umfeld zu verlassen, aber du kannst es kaum oder gar nicht ändern – nicht solange du nicht in der Position dafür bist. Das, was du allerdings jederzeit ändern kannst und was nur deinem eigenen Einfluss unterliegt, bist du selbst, deine Einstellungen und dein Verhalten. Wer in der Lage ist zu erkennen, wie sein Umfeld funktioniert, sieht auch, was man selbst dafür tun kann, um Ziele zu realisieren oder zur Veränderung von Situationen beizutragen. Die in diesem Buch vorgestellten größten Fehler von Frauen und fälschliche Annahmen helfen dir dabei, die Unterschiede im Verhalten zu sehen und deine eigenen Handlungsmuster wahrzunehmen, damit du dich in Zukunft nicht mehr mit Bullshit aufhältst.

1

Fleiß wird belohnt

Dein Chef interessiert sich nicht dafür, wie viel du arbeitest, insbesondere dann nicht, wenn du Überstunden machst. Wenn dich diese Aussage provoziert, gehörst du sehr wahrscheinlich zu den fleißigen Bienen unter uns. Natürlich würden die meisten Chefs das niemals zugeben, denn fleißige Mitarbeiter sind leichter zu händeln und eher bereit, den Anweisungen des Chefs Folge zu leisten. Es würde deinen Vorgesetzten sogar mehr interessieren, wenn du dauerhaft Minusstunden sammelst, weil er gegenüber seinem Chef argumentieren müsste, aus welchen Gründen du deinen Arbeitsvertrag nicht einhältst.

Viele Frauen glauben, dass Fleiß eine der wichtigsten Eigenschaften ist, um im Beruf erfolgreich zu sein und um langfristig Karriere zu machen. Das ist Bullshit, und zwar aus mehreren Gründen: Zum einen liegt es daran, dass sich Frauen weniger häufig als Männer trauen, Aufgaben aktiv abzulehnen oder sich ihnen zu entledigen, aus Angst schlechte Stimmung zu verbreiten oder sich die Missgunst von Vorgesetzten und Kollegen einzuheimsen. Hier geht es also eher um ein psychologisches Phänomen.

Hinzu kommt, dass viele Führungskräfte, sowohl Männer als auch Frauen, ständig den Eindruck vermitteln, fleißig zu sein. Das ist Teil der Story, die dich glauben machen soll, dass Führungskräfte viel arbeiten müssen, um das Geschäft am Laufen zu halten. Darüber hinaus, wird uns Fleiß als Teil des deutschen Kulturgutes schon im Kindesalter als positive Eigenschaft vermittelt. Es ist also kein Wunder, dass du Fleiß für einen wichtigen Karriere-Faktor hältst – nur leider ist das falsch. Wenn das Anhäufen vieler Überstunden zum Regelfall wird, ist das, gerade bei Führungskräften, ein Zeichen schlechten Managements, denn effektive Führungskräfte delegieren alle operativen Aufgaben und konzentrieren sich auf rein übergeordnete Tätigkeiten. Darüber hinaus, hat gerade das Management dafür zu sorgen, dass Aufgaben auf eine angemessene Anzahl von Mitarbeiterschultern verteilt werden.

Fleiß an sich ist keine negative Eigenschaft – aber eben auch keine, die dich beruflich weiterbringt.

Wer fleißig ist, bekommt keinen Ärger, aber auch keine Lorbeeren. Stattdessen solltest du dich eher fragen, wie du die Lorbeeren bekommst und anfangen deine Zeit danach auszurichten. Ehrgeizige Männer folgen diesem Prinzip intuitiv mehr, und entledigen sich deshalb Aufgaben schneller, von denen sie wissen, dass man damit keinen Preis gewinnen kann. Reine Fleißarbeit wird deshalb nicht belohnt, weil sie für die Lösung von Problemen oder Aufgaben nebensächlich ist. Was zählt, ist der Erfolg, den man bei der Bewältigung einer Aufgabe erbracht hat. Doch wie dieser zustande kommt, mit viel oder wenig oder gar keinem Fleiß, interessiert deinen Chef nicht.

Hinzu kommt, dass Erfolg von sehr vielen Faktoren beeinflusst wird. Hierunter ist Fleiß eines der am wenigsten wichtigen Kriterien. Viel entscheidender sind zum Beispiel die Rahmenbedingungen, unter denen eine Aufgabe bearbeitet werden muss, wie etwa Budget und Personalressourcen, das Knowhow der Mitarbeiter, die Tools, die zur Verfügung stehen, die Förderer, die man an der Seite hat und die das Projekt oder die Aufgabe bewerben und eben fördern. Der Fakt, dass Erfolg von sehr vielen externen Faktoren beeinflusst wird, also Faktoren, auf die der einzelne Mitarbeiter keinen Einfluss hat, ist etwas, das von sehr vielen Angestellten nicht bewusst wahrgenommen wird. Das führt häufig dazu, dass Mitarbeiter gerade bei gescheiterten Projekten den Grund dafür zunächst bei sich selbst, ihrer Herangehensweise oder ihrer Qualifikation suchen. Sie nehmen ihr Scheitern also, genau wie ihren Erfolg, persönlich. Beides ist nie der Fall. Sowohl Erfolg als auch Misserfolg sind immer ein Ergebnis vom Zusammentreffen vieler Kriterien, wobei der verantwortliche Mitarbeiter nur einen, wenn in manchen Fällen auch, dominanten Teil davon darstellt.

Fleiß allein verschafft dir weder Sichtbarkeit noch Erfolg, vor allem dann nicht, wenn die Aufgabe, die du bearbeitest nicht gut positioniert ist. Aufgaben, die wiederum gut positioniert sind, befinden sich auf der Prioritätenliste deines Chefs. Die Prioritätenliste beschreibt alle für deinen Chef wichtige Themen. Wenn du wahrgenommen werden, mehr Spielraum bei der Wahl deiner Aufgaben haben oder dich selbst positionieren willst, musst du Themen dieser Liste bearbeiten, denn nur sie haben Erfolgsaussichten. Doch selbst bei diesen Prestigethemen spielt Fleiß für die Lösung der Aufgabe eine absolut untergeordnete Rolle. Das bedeutet im Umkehrschluss auch: wenn du an Aufgaben arbeitest, die nicht Teil dieser Prioritätenliste sind, und keine Sichtbarkeit für deinen Chef haben, kannst du lange auf eine Beförderung oder einen anderen Aufgabenbereich warten – dann gehörst du zur Herde seines Volkes. Im nächsten Mitarbeitergespräch wird er dir sagen, dass du zwar fleißig bist, im Grund aber nur deinen Job gemacht hast, für den du ohnehin bezahlt wirst. Fleiß kann hin und wieder Teil der Lösung sein, weil du beispielweise eine umfangreiche Aufgabe systematisch prüfen musst, aber nie wirst du allein durch Fleißarbeit die Karriereleiter erklimmen oder Aufgaben bekommen, auf die du wirklich Lust hast. Viel entscheidender ist es, dich zu fragen, welcher Schuh drückt deinen Chef aktuell am meisten, und wie kannst du ihm dabei helfen, dieses Problem zu lösen. Hast du etwas anzubieten oder kannst du ein Team, mit einer relevanten Aufgabe, fachlich unterstützen, dann gehe aktiv auf deinen Chef zu und schlage ihm das vor. Er wird in den wenigsten Fällen ablehnen und dich in der Regel als motiviert wahrnehmen. So beeinflusst du selbst die Aufgaben, an denen du arbeiten willst und schaffst dir

Sichtbarkeit durch die Bewältigung von für ihn relevanten Aufgaben. Sollte die Personalplanung so eng gestrickt sein, dass kein Raum für die Verschiebung von Mitarbeiterkapazitäten bleibt, musst du dir generell überlegen, ob du in diesem Unternehmen überhaupt Entwicklungsmöglichkeiten hast. Denn wer sich nicht beweisen kann, wird auch nicht gefördert und befördert.

Du solltest anfangen deine Zeit nicht mit irgendwelchen Aufgaben zu füllen, damit du die 40-Stunden-Marke knackst, sondern effizient Aufgaben auswählen, die dich weiterbringen, und zwar im Sinne deiner selbstgesetzten Ziele. Das kann die Karriereleiter sein oder aber auch eine andere Aufgabe oder Rolle. Diese Aufgaben auszuwählen, im Idealfall Aufgaben der Prioritätenliste deines Chefs, hat sehr wenig damit zu tun, einfach nur fleißig zu sein.

Das heißt auch, dass du aktiv Bullshit-Aufgaben ohne Relevanz ablehnen musst. Das wird umso einfacher, je mehr Aufgaben du direkt vom Chef bekommst. Hier kannst du dann in Ruhe die Prioritäten-Karte zücken, sollten Kollegen mit alternativen Arbeitsanfragen auf dich zukommen. Die Ablehnung von Aufgaben ist für Frauen, wie bereits erwähnt, schwierig. Kooperationen mit Kollegen sind generell sinnvoll, wenn alle etwas davon haben und sich Geben und Nehmen dauerhaft die Waage halten. Allerdings solltest du dir darüber bewusst sein, dass niemand außer deinem Chef deinen Arbeitsrhythmus festlegen sollte. Das heißt, nur er legt fest, bis wann du deine Aufgaben erledigen musst. Gerade bei Kooperationen, die darüber hinausgehen, entscheidest du, wieviel Zeit du dafür zusätzlich abgibst und wann du Aufgaben im vorgegebenen Zeitrahmen bearbeitest. Wenn ein Kollege ständig Aufgaben mit dir teilen will, halte einen Moment inne und werde dir darüber bewusst, dass er oder sie womöglich Aufgaben systematisch abwälzt und dich so von der Bearbeitung wichtigerer Themen abhält. Hier solltest du anfangen genauso systematisch nein zu sagen oder den Spieß umzudrehen. Leider gibt es Kollegen, die unprofessionell reagieren und eingeschnappt sind, wenn ihre Bitten abgelehnt werden oder man nicht mehr mit ihnen zusammenarbeitet. Binde deine Führungskraft ein, indem du sie einfach fragst, ob es ok ist, dass du verstärkt deine Arbeitszeit auf einen anderen inhaltlichen Schwerpunkt legst, als vom Kollegen erbeten, sodass du

dich wieder auf deine bevorzugten Aufgaben konzentrieren kannst.

Short and simple: Tue etwas Relevantes für deinen Chef und lehne Bullshit-Aufgaben systematisch ab.

2

Regeln müssen eingehalten werden

Frauen wollen es allen recht machen. Dazu werden wir erzogen, denn wir lernen von klein auf, dass die Welt böse und gefährlich ist und wir uns vor allen möglichen Dingen in Acht nehmen sollen z.b. Männern, dreckigen Toiletten, knapper Kleidung, dunklen Waldwegen usw. Anders als bei Jungs, wäre es für Mädchen nicht irgendwie normal von den Eltern im Alter von 15 Jahren bei der Polizei abgeholt zu werden. Regeln gehen aus diesem Grund für Frauen von Kindesbeinen an mit einer höheren Verbindlichkeit einher. Es fällt Frauen schwerer, Grenzen zu überschreiten oder Gesetze und Vorgaben willentlich zu missachten. Das setzt sich im Berufsalltag fort. Eine Anweisung des Vorgesetzten ist deshalb für Männer und Frauen oft nicht das gleiche – in der Welt der Männer ist es ein „So-oder-so-ähnlich-Wert", in der Welt von Frauen ist es ein „Genauso-Wert". Vorgesetzte freuen sich, wenn Regeln eingehalten werden, aber sie freuen sich noch mehr, wenn ihre Probleme gelöst werden oder einer ihrer Mitarbeiter Erfolg für die Abteilung einfährt. Jeder intelligente Chef gibt guten Ergebnissen oder Erfolgen den Vorzug vor starren Regeln. Und das solltest du für dich nutzen. Hiermit sind natürlich keine Gesetzesverstöße oder fahrlässiges Verhalten gemeint, sondern die Regeln des täglichen Miteinanders. Gerade in den Vorstandsetagen und im Top-Management spielen viele Regeln eine absolut untergeordnete Rolle, etwa wenn es um Arbeitszeit, Ausschreibungen, Einstellungsformalien etc. angeht. Diese Aufzählung ist deutlich erweiterbar. Eine der wichtigsten Eigenschaften, um die Karriereleiter hoch zu klettern ist, flexibler über seine Zeit und Aufgaben zu verfügen und sein Netzwerk zu nutzen. Das schaffst du nicht, indem du dich immer an Regeln und Vorgaben hältst. Genau das wissen Top-Manager längst, oder glaubst du wirklich, dass Vorstände ihre Bewerbung bei HR einreichen?

Sie machen es nicht, weil sie einen erfolgreicheren, nicht-regelkonformen Weg kennen. Diesem Prinzip solltest du auch folgen, solange es sich um die Grauzone des Zwischenmenschlichen handelt.

Beispiel Arbeitszeit: du musst 40 Stunden oder mehr die Woche ackern. Solltest du der Zeiterfassung unterliegen, ist das Pech, da kann der Chef kein Auge zudrücken, denn die Maschine hat es schwarz auf weiß. Wenn du eine Vertrauensarbeitszeit vereinbart hast, wird er nicht so genau hinsehen, solange er mit deinen Ergebnissen zufrieden ist. Diese musst du natürlich erarbeiten und auch immer wieder kommunizieren, ansonsten bleibt deine Arbeit unbemerkt. Nutze deine gute Arbeit auch wenn du stempelst, um andere Ziele zu erreichen z.B. um an einer Fortbildung teilzunehmen. Viele Menschen glauben, dass der Chef niemals über die vereinbarte Arbeitszeit oder andere Vorgaben hinwegsieht, weil er das bei anderen auch nicht macht.

Der Vergleich mit anderen ist der Ursprung vieler falscher Handlungen und Rückschlüsse. Vorgesetzte behandeln Mitarbeiter im Idealfall auch nicht gleich, sondern entsprechend deren Arbeit und Verhalten unterschiedlich. Chefs nutzen dies bewusst als Steuerungsinstrument.

Schließe nicht von dir auf andere, sondern versuche das umzusetzen, was dir wichtig ist. Konzentriere dich dabei allein darauf, wie du es erreichen kannst – und nicht darauf, warum es nicht möglich ist. Verliere also die Möglichkeit nicht aus den Augen, dass Sondervereinbarungen zum Beispiel zur Arbeitszeit oder -ort sehr wohl möglich sind, wenn du eine erfolgreiche Mitarbeiterin bist, auch wenn diese Vereinbarungen für andere nicht möglich waren. Guten Mitarbeitern stehen immer mehr Wege offen als weniger guten.

Regeln spielen nicht nur in den persönlichen Bereichen im Job eine Rolle, sondern eine noch viel größere bei Zielvorgaben zur Bewältigung von Aufgaben und Projekten. Männer haben hier generell einen gesünderen Ansatz mit Anweisungen umzugehen als Frauen. Sie lehnen sich erst mal zurück und warten die nächsten Diskussionen ab, weil sie darauf spekulieren, dass sich die Anforderung noch einige Male ändern oder das Thema zerredet wird. Und dies ist in der Tat häufig der Fall. Die fleißigen Bienen haben dann wieder das Nachsehen, weil ihre Arbeit umsonst war. Um deine Arbeitszeit erfolgsorientierter zu gestalten, ist es ratsam, umfangreiche Arbeitsaufträge erst mal auf Herz und Nieren bei deinem Chef zu prüfen, bevor du dich in die Umsetzung stürzt. Warte wichtige Meetings mit weiteren Entscheidungsträgern ab, oder berufe selbst weitere Abstimmungsmeetings ein, um die Aufgaben zu schärfen.

Short and simple: Sorge für Erfolge, der Rest ist egal.

3

Qualifikation ist entscheidend

Was glaubst du, wie viele von all den Chefs, die du jemals in deinem Leben hattest, bekamen die Stelle alleine aufgrund ihrer Fachqualifikation? Denke kurz darüber nach.

Es gibt wenige hochspezialisierte Arbeitsplätze, für die die Kenntnis bestimmter Systeme oder eines bestimmten Vorgehens absolute Voraussetzung ist, um in diesem Beruf zu arbeiten, wie zum Beispiel in der Medizin oder der Hochtechnologieforschung.

Für die meisten gewöhnlichen Berufe ist die Fachqualifikation alleine kein Kriterium, um einen Job auszuüben. Es ist höchstens ein Kriterium unter vielen, oft sogar gar keines. Das mag sich für alle, die an die Qualität unserer schulischen und universitären Ausbildung glauben hart anhören. Denn hier wird der Glaube geboren und stetig aufrechterhalten, dass man tatsächlich etwas lernt, das Relevanz für die Berufspraxis hat. Das ist so gut wie immer Quatsch, und wir alle wissen das spätestens nach unseren ersten Berufsjahren. Aus der Perspektive von Unternehmen ist ein Studienabschluss oft nicht mehr als eine Eintrittskarte. Gerade in Konzernen rotieren viele Arbeitnehmer um Funktionen oder wechseln mehrfach Abteilungen, die keine fachlichen Schnittstellen haben. Das sollte allen, die glauben, dass sie für einen Job die entsprechende Qualifikation mitbringen müssen, zu denken geben. Auch die Stellenbesetzungen in den Managementetagen sprechen dieselbe Sprache. Kaum jemand hat hier sein Leben lang im gleichen Fachgebiet, oft nicht mal in der gleichen Branche, gearbeitet. Gerade in den Vorstandsbereichen sind beliebige Stellenwechsel zwischen den Schwerpunkten IT, Finanzen und Vertrieb nicht unüblich. Viele Stellenentscheidungen werden alleine aufgrund des Potenzials, das man in dem Kandidaten vermutet, getroffen, also eben nicht aufgrund einer Erfahrung, die der Kandidat bereits nachweisen kann. Daneben gibt es noch etliche andere Gründe, warum bestimmte Positionen mit bestimmten Personen besetzt werden und auch diese haben absolut nichts mit der Fachqualifikation an sich zu tun, z.B.:

- weil der Bewerber sehr gute Branchenkontakte mitbringt

- weil er aus politischen Gründen für diese Stelle besetzt werden musste, um Streitigkeiten an anderer Stelle zu vermeiden

- weil er Anteilseigner repräsentiert und eingebunden werden musste

- schlicht weil der Kandidat günstig zu haben war

- weil es keinen besseren Kandidaten gab

- weil es innerhalb der zur Verfügung stehenden Zeit keinen besseren Kandidaten gab.

Wenn du die Karriereleiter erklimmen möchtest, sollte dir klar sein, dass deine fachliche Qualifikation hierzu nur am Rande etwas beiträgt. Viel entscheidender sind Fähigkeiten, die keinem Beruf zugeschrieben werden können, schlicht weil sie soziale und persönliche Eigenschaften sind, und den Grundbaustein von Führungsqualitäten bilden, etwa deine Fähigkeit Probleme zu lösen, Menschen zu motivieren und zusammen zu bringen, Fürsprecher für deine Projekte zu gewinnen, dich in neue Felder einzuarbeiten, interdisziplinär oder fachübergreifend zu arbeiten, günstige Rahmenbedingungen zu schaffen oder Zusammenhänge zu erkennen.

Fachkenntnisse können durch Übung angeeignet werden, auch von Quereinsteigern, die bisher keinen Bezug zu den Abläufen in einem bestimmten Arbeitsgebiet hatten. Soziale Fähigkeiten können zwar auch gelernt werden, ihre Einübung ist jedoch oft nicht Teil des Berufsalltags und darüber hinaus schwer anzulernen. Aus diesem Grund sehen viele Vorgesetzte es als ein dickes Plus an, wenn Mitarbeiter diese Fähigkeiten bereits mitbringen. Hast du soziale und intellektuelle Qualitäten, die über deine Fachqualifikation hinausgehen, musst du sie hin und wieder deinem Vorgesetzten zeigen, vor allem dann, wenn du Karriere machen willst, aber auch dann, wenn du dein Aufgabengebiet oder deine Rolle wechseln möchtest. Gerade diese Führungsfähigkeiten entscheiden darüber, wer perspektivisch mehr Verantwortung übernehmen kann, denn Führungsfähigkeit geht immer vor Fachqualifikation. Ich selbst habe, bis auf meinen ersten Job nach dem Studium, keine Stelle wegen meiner Fachqualifikation bekommen, sondern ausschließlich aufgrund meiner sozialen und persönlichen Eigenschaften, meiner Führungsqualitäten und Einstellung. Ich hatte immer die Motivation, mich in neue Aufgaben und Abläufe einzuarbeiten und mich den sehr unterschiedlichen Herausforderungen und Rahmenbedingungen zu stellen.

Wer glaubt, dass man einen bestimmten Job nicht ausführen kann, weil ihm oder ihr dafür die Fachqualifikation fehlt, beschneidet sich selbst seiner Möglichkeiten. Diese Annahme, die noch dazu bis auf wenige Berufe falsch ist, führt dazu, dass es tatsächlich nicht möglich wird, weil man sich nicht dafür einsetzt und nicht den Weg geht, der es möglich macht. Noch schlimmer ist, dass diese Annahme häufig von Menschen vertreten wird, die keine eigene Erfahrung hierin haben, also sich noch nie in fachfremdes Gebiet eingearbeitet oder gar die Branche gewechselt haben.

Wer bereit ist seine Komfortzone zu verlassen, erweitert seine Möglichkeiten um ein Vielfaches. Sicher gibt es in deinem beruflichen Umfeld auch Kollegen, die bereits in einem völlig anderen Aufgabengebiet gearbeitet oder ein fachfremdes Studium abgeschlossen haben. Häufig trifft das auf viel mehr Kollegen zu, als man denkt. Unterhalte dich mit ihnen. Frage sie, wie sie dazu gekommen sind und welchen Herausforderungen sie sich stellen mussten.

Short and simple: Beschränke dich nicht auf Annahmen, die du nicht selbst bestätigen kannst.

4

Der Chef weiß, was ich tue

Immer wieder mache ich leider die Erfahrung, dass Frauen wirklich glauben, der Chef weiß, was sie tun, woran sie gerade arbeiten und auch, wie aufwändig ihre Aufgaben sind, obwohl sie nie mit ihm reden. Dein Chef hat andere Sorgen, als sich permanent darüber Gedanken zu machen, mit welcher Tätigkeit jeder einzelne seiner Mitarbeiter im Moment beschäftigt ist. Das, was er wissen will, ist, dass seine Mitarbeiter da sind, etwas tun und sie in regelmäßigen Abschnitten Fortschritte machen. Frauen leisten sehr häufig mehr Arbeit als nötig, gehen oft die Extrameile und nehmen automatisch an, dass der Chef es mitbekommt.

Wie soll das gehen, wenn du es ihm nicht aktiv sagst? Deine Kollegen werden es ihm nicht sagen und es passiert auch nicht alleine aufgrund dessen, dass du ewig vor deinem Schreibtisch sitzt. Es ist ein echter Irrglaube anzunehmen, dass sich das Wissen über lange Arbeitszeiten oder aufwendige Aufgaben einzelner Mitarbeiter über den

Flurfunk den Weg zum Chef bahnt. Darüber hinaus interessiert es deinen Chef nicht, wie viel du arbeitest, schon vergessen? Hier schließt sich der Kreis der falschen Annahmen, der bei fleißig sein beginnt und bei Anerkennung durch den Chef aufgrund von Gerüchten aufhört. Für deinen Chef ist einzig wichtig, dass du deine Aufgaben erfolgreich löst, das heißt, du erreichst das Ziel, das dein Chef im Zusammenhang mit dieser Aufgabe verfolgt. Der Aufwand, den du dafür bestreibst, spielt eine untergeordnete bis keine Rolle.

Viele Chefs kennen die operativen Arbeitsschritte ihrer Mitarbeiter nicht genau und können auch nicht immer einschätzen, wie lange oder wie aufwendig bestimmte Arbeitsprozesse sind. Das ist auch nicht die vorrangige Aufgabe eines Vorgesetzten. Oft findet sogar die Ressourcenplanung ohne genaue Betrachtung der Mitarbeiterkapazitäten statt, was wiederum ein Fehler ist. Umso wichtiger ist es, jede Gesprächsgelegenheit zu nutzen, um deinem Chef deine aktuellen Aufgaben als auch deinen Arbeitsfortschritt unter die Nase zu reiben. Das ist umso wichtiger, je engagierter du bist oder, wenn du noch keinen Jour Fixe hast, indem ihr euch regelmäßig austauscht. So bindest du ihn ein, schaffst Sichtbarkeit für dich und dein Projekt und zeigst ihm dein Vorankommen und deine Extrameilen auf. Du schaffst dir Präsenz in seinem Kopf. Wichtig ist, hier nicht in eine Jammer-Kommunikation zu gehen, und ihm zu sagen, wie anstrengend und schwierig deine Aufgaben sind. Selbst wenn es so ist, machen Vorgesetzte bei Jammerern die Schotten dicht. Solltest du unter der Last deiner Arbeit untergehen, musst du ihn bitten deine Aufgaben zu priorisieren. Zeige ihm sachlich deine aktuellen Tätigkeiten und Deadlines auf, stelle dabei die für ihn wichtigen Aufgaben vorne an und lasse dir das Ok geben, dass eine parallele Bearbeitung der hinteren Punkte in dem Zeitraum nicht möglich ist. Solltest du einen „Es-muss-gehen-Chef" haben, suche dir einen neuen Job. Unter ihm wirst du immer am Rande der Arbeitsbelastung schuften, ohne Rücksicht auf das, was tatsächlich machbar ist. Chefs dieses Typs setzen sich häufig nicht dafür ein, bessere Prozesse oder Rahmenbedingungen zu schaffen, obwohl genau das ihre Aufgabe wäre.

Viele Frauen sind zu schüchtern, um ihren Chefs ihre Fortschritte oder ihre aktuellen Tätigkeiten aufzuzeigen, weil sie Angst haben, dass es als aufdringlich, unnötig oder unpassend wahrgenommen werden kann. Insbesondere, wenn es dafür keinen Rahmen gibt, wie etwa ein Jour Fixe. Dem Chef im Aufzug zu erzählen, wie toll man eine Hürde gemeistert hat, ruft bei vielen Frauen Widerwillen hervor. Aus demselben Grund finden das Frauen bei Kollegen auch unangenehm. Das ist ein Fehler, liebe Frauen – wacht auf und tut endlich etwas für euch selbst! Lernt von Kollegen, die es schon lange so machen, anstatt es blöd zu finden. Denn diese Ängste sind völlig unbegründet. Kein Chef fühlt sich davon belästigt, im Gegenteil, ihr vermittelt Interesse an eurem Job, Erfolg und planvolles Vorgehen. Kolleginnen, die euch das ankreiden, haben ein Problem mit sich selbst. Männliche Kollegen werden es in der Regel nicht als negativ empfinden, im Gegenteil. Das liegt daran, dass Männer es gewohnt sind, ihr Können in Abgrenzung zu anderen aufzuzeigen und weniger Angst vor konfliktivem Verhalten haben.

Abgrenzung, Widerspruch und Konflikt sind im weitesten Sinne aggressive und kämpferische

Handlungen, die in der männlichen Soziokultur positiv behaftet sind, in der weiblichen hingegen negativ. Unsere Arbeitswelt orientiert sich aber, wie wir bereits wissen, am männlichen Kulturkodex. Davor sollten Frauen nicht länger die Augen verschließen, denn es bringt nichts, seine Leistungen so unter Wert zu handeln.

Short and simple: Tue Gutes und rede ständig darüber.

5

Das Ergebnis zählt

Das ist nicht ganz falsch. Aber auch nicht ganz richtig. Ergebnisse sind wichtig, um Fortschritte als auch weitere Handlungsmöglichkeiten aufzuzeigen. Trotzdem sind sie nicht das, was dein Chef wirklich will. Was er will sind Erfolge. Denn häufig ist das Messen an Ergebnissen nicht zielführend, weil beispielsweise das dahinter stehende Problem nicht erkannt oder missachtet wurde. Viele Projekte sind bereits zu Beginn damit behaftet, dass an ihrem Ende ganz bestimmte Ergebnisse erwartet werden oder sie sind von vornherein so anlegt, dass zwei oder mehr Handlungsalternativen gegeneinander geprüft werden. Das verstellt häufig den Blick auf das eigentliche Problem und wird insbesondere dann nachteilig, wenn es auch den Projektmitarbeitern unbekannt ist.

Wenn du dauernd in Projekten arbeitest, die zwar Ergebnisse bringen, aber keine Probleme lösen, versinkst du mit der Zeit in der Bedeutungslosigkeit. Nichts ist unwichtiger, als Analysen die einen nicht weiterbringen. Aus diesem Grund ist es wichtig, gerade bei umfangreichen Tätigkeiten genau zu verstehen, um was es eigentlich geht. Hier lohnt sich das Gespräch mit dem Chef oder dem Projektinitiator. Versuche es aus deren Perspektive zu sehen, um zu verstehen, was ihre Motivation ist. Ein einfaches Beispiel: Wenn du es schaffst, einen großen Kunden für euer Unternehmen zu gewinnen, warst du erfolgreicher, als wenn du den Markt nach relevanten Kundengruppen segmentiert hättest. Denn das dahinter stehende Ziel ist, neue Kunden zu gewinnen. Natürlich kann man nicht immer Vorarbeiten übergehen, aber es ist wichtig zu verstehen, dass nicht erfolgswirksame Ergebnisse eine untergeordnete Rolle spielen. Darüber hinaus, gibt es Arbeitsaufträge, die gar nicht zum Erfolg führen sollen, weil man gerade damit zeigen will, dass ein bestimmtes Vorgehen nicht möglich ist. Sollte das der Fall sein, ist es hier besonders wichtig, dafür ein Gespür zu entwickeln und beim Vorgesetzten in Erfahrung zu bringen, um deinen Arbeitseinsatz nicht übermäßig zu strapazieren. In den meisten Fällen wird dein Boss jedoch nicht direkt sagen, dass dies der Fall ist. Hier ist ein regelmäßiger Austausch mit dem Chef dann umso wichtiger.

Versuche bei allen Tätigkeiten das dahinterliegende Ziel zu verstehen oder in Erfahrung zu bringen, um deine Zeit effizient einzusetzen und engagiere dich dort, wo Erfolg wahrscheinlicher ist. Klingt opportunistisch? Ist es auch, aber das macht nichts, denn alle profitieren hiervon. Oft fallen Mitarbeitern sogar bessere Lösungswege ein, wenn ihnen das Problem oder das eigentliche Ziel kommuniziert wurde. Auch hier haben Männer wieder einen kleinen Vorteil, weil sie die besseren Cherrypicker sind und Anweisungen erst nach Wiederholung ernst nehmen. In einem meiner Seminare zeige ich meinen Teilnehmerinnen, wie sie ihre persönliche Erfolgsstrategie entwickeln. Ein wichtiger Teil dabei ist gerade zu vermitteln, wie sie selbst zu besseren Cherrypickern werden und so ihre Erfolgsaussichten enorm fördern können.

Short and simple: Konzentriere dich auf das, um was es wirklich geht.

6

Beförderung kommt automatisch

Niemand wird automatisch befördert. Leider glauben das vor allem Frauen, weil sie auch glauben, dass der Chef weiß, was sie tun und weil sie auch glauben, dass fleißig sein ausreicht. Es gibt viele Gründe, warum jemand befördert wird, aber alle eben genannten, sind es ganz sicher nicht. Gemeint sind hierbei echte Beförderungen, die mit einer deutlichen Zunahme an Verantwortung, Gehalt und einem höheren Titel einhergehen und nicht, wie in öffentlich-rechtlichen Tarifverträgen vorgesehen, die Hochstufung in Leistungsgruppen aufgrund bloßer Betriebszugehörigkeit.

Wie die meisten Dinge im Leben, die wir haben möchten, kommt auch eine Beförderung nicht von alleine zu uns. Die Anzahl an Menschen, die ohne Absicht und rein zufällig Chef geworden sind, dürfte bei knapp null liegen. Was lässt uns also glauben, dass man automatisch befördert wird, wenn man nur lange genug dabei ist? Einfach nur seine Arbeit zu machen, bringt dich nicht weit. Denn wie wir bereits wissen, sind vor allem andere Eigenschaften als die reine Fachqualifikation entscheidend, um beruflich weiterzukommen. Wenn du allerdings nie die Chance bekommst diese unter Beweis zu stellen, wird es mit der Beförderung schwierig. Erfolge helfen dir dabei, deine Beförderung zu erreichen, aber das reicht häufig noch nicht aus. Deshalb musst du immer wieder einfordern, dass du andere Aufgaben übernehmen willst oder dich in eine andere Richtung entwickeln möchtest und du musst auch ganz deutlich werden, wenn du eine Führungsposition einnehmen willst. Je deutlicher du wirst, umso besser. Nur wer redet, kann gehört werden. Eine gute Kommunikation mit deiner Führungskraft ist auch hier der Schlüssel, um deine Situation zu ändern. Wer sich nicht traut, auf den Chef zuzugehen, hat ein echtes Problem. Gerade Frauen glauben wiederum, es ist besser, dem Chef nicht ständig mit irgendwelchen Sperenzchen auf die Nerven zu gehen und einfach ihren Job zu machen. Das ist fatal und falsch, denn so kommst du nirgendwohin. Es geht hier um deinen Job, der wahrscheinlich eine enorme Bedeutung in deinem Leben hat, angesichts dessen, wie viel Zeit du hier verbringst und wie viele Nerven und vielleicht sogar Freizeit er dich kostet. Der Fakt, dass du dieses Buch liest, bedeutet, dass dir dein Job nicht egal ist und deine Entlohnung für deine Arbeit sollte dir auch nicht egal sein. Aber genau die kommt nicht einfach so zu dir. Es ist typisch, dass wir gerade dann Umstände als unwichtig betrachten, wenn es darum geht, sie für uns zu bessern, sich also für sich selbst einzusetzen – denn man möchte ja vor allem als Frau nicht aus der Reihe tanzen. Dieses unbewusste Unterwerfungsphänomen trägt dazu bei, dass man nicht aktiv wird und alles beim alten belässt.

Was ist dir dein Job wert? Ist er es wert, sich jeden Tag zu langweilen? Ist er es wert, Zeit abzusitzen? Ist er es wert, sich mit unmotivierten Kollegen herumzuschlagen? Vieles davon kann sich ändern. Aber es passiert nicht einfach so. Wenn du deinem Job nicht die Stelle in deinem Leben gibst, die er deiner Ansicht nach haben soll, gibt dir dein Job eine Stelle, an der du vielleicht nicht sein willst. Eine regelmäßige Kommunikation mit dem Chef gehört zu einem guten Arbeitsverhältnis dazu, und deshalb solltest du sie nicht scheuen. Aufgrund unserer Sozialisierung als artige Wesen, haben wir Frauen häufig fälschlicherweise Angst, dass Forderungen als Widerstand oder Kritik verstanden werden könnten. Wenn du deinem Chef immer wieder sagst, dass du für den nächsten Entwicklungsschritt bereit bist und mehr Verantwortung übernehmen möchtest und im Idealfall Erfolge vorweisen kannst, ist das sicher nicht der Fall, im Gegenteil. Es zeugt von Motivation, Unternehmensverbundenheit und persönlicher Stärke.

Eines noch zum Schluss: In vielen Fällen hat eine Beförderung, wie alle Personalentscheidungen, tatsächlich sehr wenig mit dem Bewerber an sich zu tun, als vielmehr mit den Rahmenbedingungen, die in die Besetzung hineinspielen. Das erklärt zum Bespiel auch, warum es möglich ist, dass Vorgesetzte ohne Führungsqualitäten oder Kollegen mit unzureichender operativer Erfahrung zum Zuge kommen - jeder von uns kennt mindestens einen. Die meisten Menschen nehmen es sehr persönlich, empfinden es als ein Scheitern und suchen den Fehler bei sich, wenn sie für eine Stelle nicht besetzt wurden. Allerdings können viele Komponenten, die zur Einstellung führen gar nicht vom Bewerber beeinflusst werden, weder durch seine Qualifikation noch durch seine Motivation. Diese sind z.B.:

- zeitliche Not (nur sehr flexible Bewerber kommen in Frage)

- Standort bzw. die Bereitschaft an einem bestimmten Ort zu arbeiten (besser Qualifizierte arbeiten nicht am Ende der Welt, Bewerber mit Familie scheuen eher Ortswechsel)

- viel günstigere Mitbewerber (Pech für dich, wenn sie gleich gut qualifiziert sind)

- keine Mitbewerber (niemand sonst will den Job)

- Vorgabe extern bzw. intern zu rekrutieren

- Formale gesetzliche Auflagen mussten im Bewerbungsprozess abgebildet werden, etwa einen gewissen Anteil an Frauen einzuladen oder einzustellen. Gleiches gilt für die Ausschreibung bereits vergebener Stellen

- Budget zu niedrig (besser Qualifizierte steigen aus).

Behalte das im Hinterkopf, wenn du trotz deiner Bemühungen nicht befördert wurdest oder eine Stelle nicht bekommen hast und setze dich weiter für dich ein.

Short and simple: Fordere das, was du möchtest ein.

7

Gehalt verhandeln geht nicht

Das ist ein trauriges Kapitel aus dem Bereich selbsterfüllende Prophezeiung. Wer glaubt, dass es nicht geht, wird auch nicht erfahren, dass es möglich ist, weil man schlicht nichts dafür tut. Die größten Irrtümer in Bezug auf das Gehalt hören sich so an: Die Gehaltseinstufung erfolgt nach Tarifvertrag/Leistungsstufen - eine Höherstufung ist nicht möglich; niemand sonst bekommt das Gehalt; es ist kein Budget da; das Gehalt wird nur im Rahmen des Jahresgespräches angepasst usw. Wenn du nur einen Satz davon für wahr hältst, hast du dich noch nicht oft genug mit den richtigen Kollegen, Freunden oder Verwandten über Gehalt unterhalten.

Das wichtigste bei einer Gehaltsverhandlung ist, dass du etwas, das für deinen Chef relevant ist, zu bieten hast. Im Idealfall besetzt du eine Schlüsselposition, du arbeitest also in einer Funktion, die nicht ohne weiteres durch jemand anderen ausgeführt werden kann oder aber du hast bereits einige

Erfolge für deinen Chef und eure Abteilung ver-
bucht und dir aufgrund dessen eine hervorste-
chende Stellung erarbeitet. Es ist sehr, sehr wichtig, dass du bei Gehaltsverhandlungen, die außerhalb des Üblichen stattfinden, die
Bedeutung deiner Position im Abteilungsgefüge
gut einschätzen kannst. Gerade Frauen neigen
dazu, sich zu unterschätzen und ihre Leistungen
unter den Scheffel zu stellen. Aus diesem Grund
solltet ihr euch ab und zu die Mühe machen, eure
Leistungen gerade auch im Vergleich zu euren
Kollegen, aber noch viel mehr in Relevanz zur
Agenda eures Chefs zu reflektieren. Und auch hier
zählt wieder, fahre Erfolge ein und reibe es deinem
Chef unter die Nase. Das ist eine sehr gute, wenn
nicht sogar notwendige Vorarbeit für Gehaltsge-
spräche.

Wenn dein bisheriger Arbeitsalltag allerdings darin
bestand, acht Stunden abzusitzen und so
wenig Verantwortung wie möglich zu übernehmen,
solltest du nicht mit einer Gehaltsforderung an deinen Chef herantreten. In diesem Fall ist es unverhältnismäßig und du würdest dich lächerlich machen. Du hast kein Druckmittel, das deinen Chef
zur Aktion zwingt und das weiß er. Egal, was dir

erzählt wird, du kannst jederzeit auf deinen Chef zwecks eines Gehaltsgespräches zugehen. Bevor du das machst, solltest du allerdings genau wissen, wo deine Gehaltsvorstellung liegt und wann du sie bekommen möchtest, sonst passiert es leicht, dass du dich abspeisen oder vom erstbesten Angebot überrumpeln lässt. In der Regel wird dein Chef dir beim ersten Mal sagen, dass dafür das Jahresgespräch vorgesehen ist. Vielleicht wird er sogar die Leistungsstufen-Geschichte auspacken.

Das alles ist beim ersten Gespräch noch relativ unbedeutend, wichtig ist, dass du dich in dieser Situation nicht abwimmeln lässt, sondern es schaffst, eine feste Zusage zu bekommen, wann ihr über dein Gehalt ausführlich sprecht und bereits hier signalisierst, dass du eine Vorstellung davon hast, wo sie liegen soll. Diese Aussage ist wichtig, damit er weiß, dass es dir nicht um eine übliche jährliche Gehaltsanpassung geht. Das hört sich sehr forsch an, aber dein Chef sollte in der Lage sein, solche Situationen zu meistern, schließlich ist es Teil seiner Führungskompetenz und du bist sicher nicht der erste Mitarbeiter, der ihn vor diese Aufgabe

stellt. Sollte dir der Zeitraum bis zu diesem Gespräch zu lange sein, sage es. Wenn er sich nicht
auf einen Zeitpunkt festlegen will, darfst du nicht
locker lassen. Nutze weitere Termine mit ihm und
bringe das Thema immer wieder am Ende des Ge-
sprächs ein. In diesen Vorgesprächen geht es einzig und allein darum, ihn deutlich und konstant
deine Unzufriedenheit und deine Erwartungshal-
tung spüren zu lassen. Es ist eine psychologisch-
taktische Vorbereitung auf das Zielgespräch.

Der Ablauf eines Verhandlungsgespräches erfordert von beiden Seiten viel Geschick und verläuft
im Idealfall für beide Parteien positiv. Du meisterst
solche Situationen umso besser je mehr Übung du
hierin hast. Wer in diesen Situationen generell
starke Nerven beweist, profitiert sein ganzes Be-
rufsleben davon. Das Business Kollektiv bietet
hierfür ein gesondertes Verhandlungstraining für
Frauen an.

An dieser Stelle ist es wichtig zu verstehen, dass
es immer eine Möglichkeit der Gehaltserhöhung
gibt, wenn, und das ist die unbedingte Voraussetzung, ihr für das Unternehmen wichtig seid. Eine
Gehaltserhöhung außerhalb des üblichen Regel-

werks muss allerdings noch viel mehr als eine Beförderung aktiv und penetrant eingefordert werden. Seid euch darüber im Klaren, dass all diejenigen, die das nicht für möglich halten, in der Regel diejenigen sind, die hierzu keine eigene Erfahrung haben. Ihre Aussagen sind also Bullshit. Wie viele Menschen kennst du, die eine Schlüsselposition besetzen und eine außerordentliche Gehalterhöhung forderten? Keine? Wieso glaubst du dann etwas, das keiner erfahren hat?

Obwohl jeder intelligente Chef das Gehaltsgespräch mit einem relevanten Mitarbeiter ernst nehmen sollte, gibt es leider auch viele Chefs, die immer wieder versuchen sich davor zu drücken und den Mitarbeiter zu vertrösten. Hierfür gibt es ein Heilmittel, das Kündigung heißt. Ihr bewerbt euch extern, holt euch ein Angebot ein und konfrontiert den Chef unmissverständlich damit und zwar deutlich in Zahlen. Ihr seid nun in einer sehr vorteilhaften Position, da der Chef mindestens die Summe auf den Tisch legen muss, die euch bereits vom Mitbewerber angeboten wird und das auch noch kurzfristig. Ihr werdet euch wundern, was jetzt alles möglich ist und spätestens hier die

Bedeutungslosigkeit von üblichen Gehaltsmodellen kennenlernen. Lasst euch jetzt nicht auf ein unterlegenes Angebot ein, dafür gibt es keinen Grund, denn dein Marktwert wird vom besten Angebot gesetzt. Dieses Vorgehen ist mit viel Aufwand verbunden, aber auch sehr effizient. Außerdem lernt ihr hierdurch die wahren Grenzen des Möglichen kennen, was sehr aufschlussreich ist. In wettbewerbsstarken Branchen ist dieses Vorgehen übrigens gang und gäbe, wie etwa in Unternehmensberatungen oder vertriebsorientierten Unternehmen.

Nun sagen die Ängstlichen unter euch, was wenn mein Chef es sich doch nicht leisten kann und mir gar kein Angebot macht? Die einzige Frage, die du dir dann stellen solltest, ist, wie wichtig ist dir Geld? Wenn dein Chef nicht in der Lage ist, einen hervorragenden Mitarbeiter auf Wettbewerbsniveau zu bezahlen, dann hast du in diesem Unternehmen finanziell gesehen keine Entwicklungsmöglichkeiten. Wenn Gehalt nicht dein Motor ist, solltest du in jedem Fall die Situation nutzen, um andere für dich wichtige Bedingungen zu verhandeln, z.B. eine andere Position, Titel, Urlaubsanspruch oder

Homeoffice. Wenn nichts davon möglich ist, verschwendest du deine Zeit – in diesem Unternehmen wirst du weder gefördert werden noch kannst du dich hier weiterentwickeln.

Short and simple: Kenne deinen Wert und setze ihn aktiv ein.

8

Gleiche Arbeit – gleicher Lohn

Die Welt träumt von Gerechtigkeit und vergisst dabei, dass Qualität eine Rolle spielt. Die vielen Diskussionen in den Medien zu diesem Thema sind leider häufig wenig differenziert und treffen keine Aussagen dazu, was gleiche Arbeit bedeutet. Natürlich sollten zwei Mitarbeiter, die die gleiche Arbeit verrichten, den gleichen Lohn erhalten, vorausgesetzt sie arbeiten auch gleich effizient, qualitativ und ergebniswirksam. Nur leider ist genau das in der Realität fast nie der Fall. Das wissen wir eigentlich auch alle, denn jeder von uns kennt einen Kollegen, der weniger qualitativ oder effizient arbeitet als man selbst. Das ist der erste gute Grund, warum für die gleiche Arbeit nicht der gleiche Lohn gezahlt werden darf. Wäre das der Fall, würde der schlechte Mitarbeiter in seinen Handlungen bestärkt, wohingegen der Lohn für den guten Mitarbeiter unverhältnismäßig niedrig wäre.

Der zweite, allerdings schlechte Grund, warum Löhne bei gleicher Arbeit nicht gleich sind, liegt daran, dass deutsche Unternehmen immer noch der Meinung sind, Mitarbeiter müssten für ihre Ausbildung und Abschlüsse bezahlt bzw. danach eingestuft werden, anstatt für ihre tatsächliche Leistung. Das führt dazu, dass in manchen Unternehmen Kollegen eines Teams die gleichen Tätigkeiten verrichten, jedoch völlig unterschiedlich dafür bezahlt werden, weil sie verschiedene Eintrittskarten beim Amtsantritt dabei hatten. Wer als Arbeitgeber mit der Zeit nicht sauber aussortiert, hat ein echtes Problem sehr gute, aber im Verhältnis zu niedrig bezahlte Mitarbeiter zu halten und weiterzuentwickeln. Beförderung und Entlohnung sollten immer entlang der Erfolge des Mitarbeiters stattfinden und nicht aufgrund von formalen Vorgaben. Du kannst also relativ sicher sein, dass auch du aus einem dieser Gründe nicht das gleiche Gehalt bekommst, als eine deiner Kolleginnen, die eine ähnliche Tätigkeit verrichtet. Das ist einerseits absolut verständlich und andererseits absolut absurd. Auch hier gilt das für uns schwer zu ertragende Prinzip: die Welt ist nicht schwarz-weiß.

Klar, könnte man sich nun darüber aufregen, aber am Ende des Tages solltest du in den Spiegel schauen und ehrlich zu dir sein: willst du und wirst du es ändern? Du kennst die Antwort. Falls sie Nein lautet, dann gilt für dich Folgendes:

Grund Nummer 1 kannst du täglich beeinflussen. Grund Nummer 2 nur, wenn du bereit bist deine formale Qualifikation zu erhöhen, etwa durch ein Studium, MBA o.ä. Konzentriere dich in jedem Fall darauf, einen guten Job zu machen und vergleiche deine Arbeit stetig mit denen deiner Kollegen, insofern ein plausibler Vergleich möglich ist, also dann, wenn eure Tätigkeiten vergleichbar sind. Auch hier haben Frauen aufgrund ihrer Sozialkultur wieder deutlich mehr Hemmungen als Männer, denn wir sind es nicht gewohnt, uns in den Wettbewerb zu stellen, um unsere Position ganz offensichtlich zu verbessern, vom Wettbewerb um Schönheit einmal abgesehen. Das müssen wir hinter uns lassen. Der Vergleich und Austausch zu allen Themen rund um den Beruf ist extrem wichtig, um ein Gefühl für die Relevanz des eigenen Standpunkts zu bekommen als auch, um seine weiteren Entwicklungsmöglichkeiten besser einzuschätzen.

Hier sollte man sich gerade mit Kollegen, Vorgesetzten und Freunden unterhalten, die völlig andere berufliche Sichtweisen haben und andere Ansätze verfolgen, als man selbst.

Falls deine Antwort Ja lautet: Keep on going and never stop.

Der Vergleich deiner Leistungen und Erfolge mit Kollegen, die ähnliche Aufgaben haben oder die gleiche Gehalts- oder Karrierelevel-Einstufung haben, hilft dir in späteren Gehaltsverhandlungen und Jahresgesprächen deine Wertigkeit zu untermauern und gibt dir Argumente an die Hand, die du nutzen kannst, um deine Ziele zu erreichen. So gesehen ist der Fakt, das gerade fast nie der gleiche Lohn für die gleiche Arbeit bezahlt wird, in keinem Fall ein Nachteil für gute Mitarbeiter – vorausgesetzt sie erkennen die Relevanz ihrer Funktion und fordern ein, was ihnen gerecht wird.

Short and simple: Wenn das Leben dir Zitronen gibt, mache Limo daraus.

9

Schlecht gesagt, aber gut gemeint

Frauen sind oft einfach zu gutgläubig. Nicht, dass es keine gutgläubigen Männer gibt. Sie sind von dem, was jetzt kommt, genauso betroffen, aber sie sind nicht im gleichen Maße konfliktscheu. Immer wieder passiert es, dass sich Kollegen und Kolleginnen unbedacht äußern oder asozial verhalten und es scheint niemanden zu stören. Oft merken nicht mal die Betroffenen selbst, dass eine Handlung oder Ausdrucksweise nicht in Ordnung ist, well man sich an ihre Normalität gewöhnt hat. Da kann man kaum erwarten, dass diejenigen, die sich schlecht verhalten, es merken. Umso wichtiger ist es, unbewussten asozialen Handlungen gegenüber aufmerksam zu werden und sich gegen sie zu wehren, wann immer es die Situation erfordert. Was genau sind solche Handlungen?

Hier einige Klassiker:

- Du wirst in Emails nicht in Kopie gesetzt, obwohl du bei dem Thema wesentlich mitgearbeitet hast. Du wirst auch nicht zum Jour Fixe zu diesen Themen eingeladen oder mündlich auf dem Laufenden gehalten.

- Deine Kollegen und Vorgesetzten vermerken deine Mitarbeit nicht schriftlich auf der Präsentation, obwohl du wesentlich mitgearbeitet hast. Die Namen anderer Mitwirkender sind sehr wohl zu finden.

- Deine Kollegen kommen zu euren gemeinsamen Meetings regelmäßig zu spät. Deine Zeit ist genauso viel wert, wie die von allen anderen. Mache deinen Kollegen klar, dass du sie nutzen willst.

- Du wirst in Meetings beim Reden unterbrochen oder es wird geredet, während du redest.

- Kollegen nennen sich zuerst als Verantwortliche für ein Thema, erst mitten in der weiteren Diskussion fällt auch dein Name, obwohl ihr partnerschaftlich zusammenarbeitet.

- Du wirst von Vorgesetzten regelmäßig gebeten, Tätigkeiten auszuüben, die nicht in deinem Verantwortungsbereich liegen.

- Du wirst von Vorgesetzten gebeten, als Frau deine Kollegen auf eine charmante Art zur Arbeit zu motivieren. Dies ist übrigens ein armes Resultat männlichen Klischeedenkens. Die Art der Kommunikation sollte nicht vom Geschlecht abhängig gemacht werden, sondern von der Gesprächssituation- und dem Gesprächspartner. Bei manchen Gesprächspartnern kann man charmant sein, bei anderen sollte man sehr deutlich und harsch sein. Auch Männer dürfen gerne charmant sein, wenn es Sinn macht.

- Kollegen berühren deine Schultern oder deinen Rücken, um dich aus der Tür zu bringen. Das ist eine Unterwerfungshandlung. Sie deutet an, dass der Berührende dich unbewusst für untergeben hält. Dies gilt übrigens für eine Vielzahl von Berührungen im beruflichen Umfeld. Nur Berührungen aus Freude oder Lob, wie etwa ein Handschlag oder ein Schulterklopfen, sind keine Dominanzhandlungen. Auch Frauen wenden übrigens Berührungen an, um Überlegenheit zu signalisieren. Beobachte dich das nächste Mal, wenn du bemerkst, dass du einen deiner Kollegen berührt hast und versuche dir zu beantworten, welches Verhältnis du zu diesem Kollegen hast.

- Kollegen wenden dir den Rücken zu in Präsentationen. Diese Haltung signalisiert, dass du nicht innerhalb der Hierarchie der Anwesenden nicht wichtig bist.

- Du wirst von irgendjemandem gebeten, dich für irgendetwas zu entschuldigen. Sollte deine Handlung nicht absolut pflichtverletzend oder zwischenmenschlich verletzend gewesen sein, ist das nicht nötig.

Diese Liste ist beliebig fortsetzbar. Viele Handlungen oder Worte unserer Kollegen sind nicht in Ordnung. Gerade, wenn wir es bewusst merken, sollten wir sie sofort und sachlich darauf ansprechen. Wichtig ist es hier, Ich-Botschaften zu formulieren und nicht in Du-Sätzen zu sprechen. Die Krux in der Zusammenarbeit mit Kollegen und Vorgesetzten liegt allerdings in asozialen, unbewussten Handlungen. Hierüber müssen wir uns als Be-

troffene erst selbst bewusst werden, um sie gegenüber dem anderen zur Rede zu bringen oder um
sie geschickt für sich zu nutzen, denn nicht alles
lässt sich durch gutes Zureden lösen.

Ein Problem unter vielen, das sich nicht lösen
lässt, ist in männlich dominierten Managementrun-
den zum Beispiel das Rangfolgenprinzip. In männlichen Gesellschaften entscheidet das Wort desje-
nigen mit dem höchsten Rang. Was auch immer er
sagt, alle anderen werden nicht widersprechen.
Aus diesem Grund solltest du zu ihm direkt sprechen, wenn du dich in Meetings durchsetzen willst,
und sein Gehör finden. Dann hören dir auch alle
anderen zu. Noch besser ist es, wenn du seinen
Zuspruch bereits vorher erhalten hast und in der
Runde auf ihn verweisen kannst.

Gerade Frauen neigen, auch bei Wiederholungs-
tätern häufig dazu, sich die Situation schön zu reden und den anderen in Schutz zu nehmen, weil
sie tatsächlich glauben, der andere habe unbedarft
gehandelt. Häufig fallen Sätze wie: „das hat er
nicht mit Absicht gemacht", oder „das hat er nicht
so gemeint." Wer sich hier wiederfindet, sollte vor
allem dazu übergehen, die Dinge verstärkt aus der

eigenen Perspektive zu beurteilen und nicht versuchen, die eigene Konfliktangst hinter der Entschuldbarkeit der anderen zu verstecken. Absicht oder nicht spielt hier keine Rolle, sondern das, was beim Gegenüber ankommt und das sollte man dem anderen auch 1:1 widerspiegeln, denn schließlich trägt jeder auch für seine unbewussten Handlungen die Verantwortung.

Short and simple: Mach ehrlich und sachlich das Maul auf.

10

Meetings sind unwichtig

Viele Meetings sind auf den ersten Blick unwichtig, weil keine Entscheidungen oder Vereinbarungen getroffen werden, die das weitere Vorgehen vorantreiben. Das ist schade, denn eine effiziente Meetingkultur bringt alle weiter und sie ist möglich. Auf den zweiten Blick sind aber selbst solche banalen Meetings nicht bedeutungslos, nämlich dann nicht, wenn man sie aus ihrer Gruppenfunktion heraus betrachtet. Meetings tragen im Wesentlichen dazu bei, Rollen zu festigen und Hierarchien hervorzuheben. Sie sind eine der besten Möglichkeiten, um versteckte Spielregeln deutlich wahrzunehmen. Fast nirgendwo sonst im Berufsalltag ist das so einfach, wie in dieser Situation. Anhand dessen, wer was wann sagt und wie sich die Gruppe dazu verhält, lässt sich sehr viel über die Unternehmenskultur und den Führungsstil, als auch die Bedeutung der sprechenden Person und die Regeln der Gruppe ablesen. Da Frauen häufig eine größere Scheu davor haben, vor Gruppen zu sprechen oder generell das Sagen zu haben, neigen sie verstärkt dazu, die Bedeutung von Meetings in diesem Punkt zu unterschätzen und nehmen sich so die Chance diesen Rahmen als Positionierungsinstrument zu nutzen. Hierin sind Männer uns einen Schritt voraus. Häufig ist dabei weniger entscheidend, was gesagt wird, als der reine Fakt, dass man das Wort und die Redezeit hat. Hier zählt Quantität statt permanente Qualität, solange der inhaltliche Bullshit-Anteil nicht jedes Mal überwiegt. Über Meetings habt ihr auch die Möglichkeit euch gegenüber euren Vorgesetzten in einer anderen Facette zu zeigen. Zum Beispiel, dass ihr Gruppen und Konflikte moderieren, Diskussionen anregen oder alle auf den gemeinsamem Nenner bringen könnt. Gerade hierin sind Frauen im Grunde viel besser, weil ihre Kommunikation nicht ausgrenzend ist. Frauen haben ein gutes Gespür für zwischenmenschliche Befindlichkeiten, das sie einsetzen können, um Gruppen zu steuern oder, um zwischen Parteien zu vermitteln. Falls du die einzige Frau in einem Meeting allein unter Männern bist, darfst du allerdings nicht vergessen, dass hier ihre Spielregeln gelten. Beachte sie, um gehört zu werden.

Das sind die wichtigsten Regeln, die du kennen solltest:

- Spricht zum Ranghöchsten und untermauere deine Aussagen, indem du, im Idealfall, auf seine bereits gegebene Zustimmung hinweist. Es bringt nichts, sich mit Kollegen im Vorfeld einer Diskussion zu verbünden oder einig zu sein, obwohl sie in der Rangordnung nichts zu melden haben. Das ist zwar nett, hilft dir und deinen Themen aber kein Stück weiter. Merke dir: Sprich mit dem Peter - nicht mit den Peterchen!

- Widersprich nicht dem Ranghöchsten vor anderen, egal was er sagt. Es geht nicht um den Inhalt. Dies ist eine der Regeln, die gerade Frauen häufig nicht kennen, was dazu führt, dass sie konstruktive Vorschläge machen oder eine inhaltliche Diskussion anregen wollen, die von vornherein nicht erstgenommen wird. Das Meeting vor versammelter Mannschaft ist nicht der richtige Rahmen dafür – lass es. Gruppenmeetings sind klassische Situationen, die ganz deutlich von den

Sozialstrukturen der dominanten Gruppe geprägt sind, egal was hier nach außen hin erzählt wird. Hate it or use it.

- Wenn Chefs vor versammelter Mannschaft ehrliches Feedback der Anwesenden einfordern, werden Frauen oft aufs Glatteis ihrer Gutgläubigkeit geführt. Hier ist Vorsicht geboten, liebe Damen! Kein Chef will vor anderen kritisiert werden, auch wenn er das nach außen hin fordern sollte. Männer wissen intuitiv, dass das Bullshit ist und geben kein ehrliches Feedback.

- Meetings sind keine Demokratien. Viele Unternehmen, gerade sehr junge, versuchen sich den Stempel der flachen Hierarchien zu geben und werben für einen offenen Austausch oder gleichberechtigte Teilhabe der Mitarbeiter an allen Diskussionen. Hier ist Vorsicht geboten. Generell sind Unternehmen keine Demokratien, weil das Entscheidungsprozesse extrem in die Länge ziehen würde und weil es immer auch viele Mitarbeiter gibt, die ausführen, aber nicht entscheiden wollen oder nicht über genügend Wissen verfügen,

um Entscheidungen zu treffen. Diskussions-
runden unter Gleichrangigen
ermöglichen einen offenen Austausch, alle anderen Konstellationen nicht. Das heißt nicht,
dass du deine Vorschläge nicht anbringen o-
der durchsetzen kannst, du musst es aber
über einen anderen, politischeren Weg machen.

- Solltest du in einem Unternehmen einen Job
  beginnen, das sich flache Hierarchien und Mit-
  bestimmung auf die Fahnen geschrieben hat,
  beobachte zunächst einige Meetings, bevor
  du dich aktiv mit Beiträgen einbringst. Du wirst
  sicher auch hier einige Dominanzfaktoren finden, die du beachten solltest.

- Zettele Themen nicht in großen Meetings an,
  ohne vorheriges Einvernehmen der wichtigsten Personen. Dies geht aus dem vorherigen
  Punkt hervor. Mehrheiten, als auch die Zustimmung des Ranghöchsten musst du dir bereits zuvor einholen, sonst hast du keine
  Chance dein Thema durchzubringen. Im
  schlimmsten Fall wird es verrissen oder in
  eine andere Richtung gedrängt, als von dir

vorgesehen. Möglicherweise erhältst du Arbeitsaufträge, für die du verantwortlich gemacht wirst.

Short and simple: Nutze Meetings, um deine Position zu stärken.

Nachdem du nun die wichtigsten Irrtümer, an die Frauen im Job glauben kennst, zeige ich dir in Teil 2 konkret 10 Schritte zur praktischen Anwendung im Berufsalltag, die dir dabei helfen, deine Ziele umzusetzen und im Job voranzukommen.

Do it - ist immer der Königsweg

Teil 2

Wie du in 10 Schritten deine Ziele im Job erreichst

Kapitel

0 **Vorwort**

1 **Ziele: Dein Masterplan**

2 **Ausgang: Deine Position heute**

3 **Cherrypicking: How to Erfolg**

4 **Erkenntnis: Das wahre Ziel**

5 **Abstimmung: Das Ziel absichern**

6 **Reden: Erfolg vermarkten**

7 **Fordern: Erfolg belohnen**

8 **Zeit nutzen: Erfolg ermöglichen**

9 **Netzwerken: Erfolg teilen**

10 **Mehr fordern: Die nächste Stufe**

0

Vorwort

Im ersten Teil dieser Buchreihe für Frauen im Job haben wir gelernt, dass in der Geschäfts- und Arbeitswelt die Spielregeln von Männern gelten und genau das der Grund ist, warum viele Frauen im Job häufig weniger schnell und erfolgreich vorankommen – denn nicht jede informelle Regel ist für uns verständlich, noch dazu haben wir häufig keine Erfahrung im Umgang mit ihnen. Vielen Frauen fehlt das Bewusstsein für diese Regeln und sozialen Gesetze der Jobwelt, weil wir zu sehr vom Blickwinkel unserer weiblichen Sozialkultur auf die Geschäftswelt schauen. Das führt dazu, dass wir an Irrtümern festhalten und unter falschen Annahmen arbeiten, die uns eben nicht weiterbringen, solange die meisten Unternehmen von einer männlichen Soziokultur bestimmt sind. Das Anliegen des ersten Teils dieser Buchreihe war es, genau hierfür Aufmerksamkeit zu schaffen und einen bewussten Umgang mit den Spielregeln der Jobwelt zu provozieren.

Vom Lesen und Denken alleine wird sich allerdings nichts ändern. Deshalb ist es wichtig, an der Stelle der Erkenntnis nicht aufzuhören, sondern damit anzufangen, Dinge tatsächlich im Alltag zu verändern – **DO IT, ist immer der Königsweg, Ladies**. In diesem Teil zeige ich dir, wie das aussehen kann und welche Möglichkeiten Frauen (aber auch Männer) haben, wenn sie die Regeln der Jobwelt anwenden und für sich nutzen. Erfolg hat viele Facetten und ist nicht nur dann wichtig, wenn es darum geht, die Karriereleiter zu erklimmen. Zwar ist es dann unabdingbar, die Spielregeln, gerade als Frau, zu beherrschen, doch auch für den Fall, dass du deinen Alltag effizienter gestalten oder deinen Aufgabenbereich verändern willst, hilft dir das Wissen um diese Regeln und deren Anwendungen enorm. Es hilft dir, deine persönlichen Ziele voranzutreiben und mehr Spielraum und Gestaltungsfreiheit im Job zu gewinnen – vorausgesetzt, du wirst aktiv, und dabei helfen dir jetzt diese 10 Schritte.

1

Ziele: Dein Masterplan

Sehr wenige Angestellte machen sich konkret darüber Gedanken, welche Ziele sie im Job verfolgen – die meisten Frauen noch viel weniger als Männer. Das Problem dabei ist, dass Mitarbeiter ohne Ziele keinen Einfluss auf ihre Aufgaben, Rollen und Perspektiven im Job und damit auch nicht auf ihren Berufsalltag haben. Wer sich keine persönliche Agenda gibt, wird immer genau das tun, was der Chef oder sonst wer von ihm verlangt. Mitarbeiter, die so an ihren Job herangehen, haben keinen Gestaltungsspielraum und finden sich öfter in der Situation wieder, Aufgaben zu bearbeiten, die ihnen nicht wirklich Spaß machen oder für die sie sich nicht zuständig oder qualifiziert fühlen.

Einige von euch werden nun sicher denken, klar muss ich im Job die Aufgaben erledigen, die mein Chef von mir verlangt, was denn sonst? Doch genau das ist wieder ein Irrtum, der mangelnden Zugang zum Wissen über Möglichkeiten zeigt. Natürlich gibt es Aufgaben, die nicht verhandelbar sind und ohne Zweifel in deinen Verantwortungsbereich fallen – die du also bearbeiten musst. Doch du hast sehr viele Möglichkeiten dir selbst Aufgaben auszusuchen und dich zu positionieren und damit aktiv Einfluss auf deine Perspektiven, deinen Spaßfaktor und Alltag im Job auszuüben. Genau diese Möglichkeit wird von vielen Angestellten, hier übrigens auch von vielen Männern, nicht gesehen und deshalb auch nicht umgesetzt. Chefs lieben motivierte, aktive Mitarbeiter und sehen es als positiv an, wenn Mitarbeiter mit konkreten Vorschlägen, was sie tun können, auf sie zugehen – nur gehen eben die wenigsten diesen Weg. Doch bevor du das machst, ist es wichtig einen Masterplan zu haben, der deine persönlichen Ziele festhält. Diese Ziele sind die für dich wichtigen Faktoren, die deinen Job zu einem Ort machen, den du als positiv empfindest und das kann sehr unterschiedlich sein. Zum Beispiel kann ein Ziel sein, befördert zu werden, mehr Gehalt zu bekommen, eine neue Rolle einzunehmen oder sich methodisch und fachlich fortzubilden. Es kann aber ebenso gut bedeuten, flexibler zu arbeiten, ein gutes Kollegium zu fördern, geringe

Verantwortung zu tragen, strukturierter zu arbeiten, öfter Nein zu sagen usw. Hier gibt es kein richtig oder falsch.

Wichtig ist, dass du nun Folgendes machst, denn wie gesagt - ohne Umsetzung keine Veränderung:

- Nimm dir am Wochenende eine Stunde Zeit und schreibe dir mit Blick auf das nächste Jahr auf, welche 3 bis 5 Ziele du dir für deinen Job setzt.

- Bleibe dir treu und versuche wirklich das aufzunehmen, was für dich persönlich wichtig ist – und nicht, was sinnvoll, logisch, sozial oder realistisch wäre. **Bedenke:** Ziele sind immer unrealistisch, bis sie wahr werden – don't give a f*** about being realistic. Ich selbst habe von Menschen mit einer negativen Einstellung und fehlender eigener Erfahrung (sowohl im Scheitern als auch im Siegen), schon oft gehört, dass meine Ideen unrealistisch sind – was mich nicht daran gehindert hat, sie zu realisieren.

- Schreibe dir nun hinter jedes Ziel, was du konkret in deiner jetzigen Lage dafür tun kannst, um diesem Ziel näher zu kommen. Zum Beispiel kann hinter dem Ziel, deine Arbeitszeit effizienter zu nutzen, stehen, dass du deine Aufgaben ab sofort priorisierst und vorrangig bearbeitest sowie deine Arbeitszeit konsequent einhältst und Feierabend machst.

Das Aufschreiben von Zielen ist wichtig, damit du sie besser verinnerlichst und dich darauf fokussieren kannst. Ziele aufzuschreiben oder nur irgendwie zu denken, ist ein riesiger Unterschied für dein Unterbewusstsein – unterschätze das nicht. Das legt auch eine Vielzahl von Studien nahe, die beweisen, dass Menschen, die sich Ziele aufschreiben eine viel höhere Erfolgsquote haben als Menschen, die das nicht tun. Werfe alle paar Wochen einen Blick auf deine Ziele oder lege oder klebe sie an eine Stelle, die du regelmäßig betrachtest, z.B. deinen Schreibtisch oder Kühlschrank.

Short and simple: Werde dir darüber im Klaren, was du im Job willst und schreibe es auf!

2

Ausgang: Deine Position heute

Um deine Ziele zu erreichen, ist es sehr wichtig deine aktuelle Position und Bedeutung aus der Perspektive deines Chefs, für die Rolle und Aufgaben, die du erfüllst, zu kennen und dich mit den Leistungen und Positionen deiner Kollegen zu vergleichen. Dies ist ein Schritt den viele Angestellte nicht machen, schlicht weil sie nicht auf die Idee kommen, sich diesem harten Vergleich zu stellen. Denn deine aktuelle Stellung in der „Relevanz-Hierarchie" bildet deinen Ausgangspunkt, um deine Ziele zu realisieren. Mitarbeiter sollten die Stelle, an der sie sich im Gefüge der Abteilungs- oder Bereichswelt bewegen, kennen, denn sie legt fest, ob und welche weiteren Entwicklungsmöglichkeiten einem hier perspektivisch zur Verfügung stehen. Allerdings ist diese Stelle nicht allein über die Titelstruktur abzulesen, sondern hängt sehr stark von der Bedeutung, die eine Rolle oder Projekt erlangt hat, ab. Beispielsweise kann sich ein einfacher Programmierer im Rahmen einer Aufgabe zu einer Schlüsselfunktion entwickeln, wenn er es schafft,

Prozesse zu entwickeln, die funktionsübergreifende Probleme lösen oder schlichtweg weil sich sein Know-how auch in anderen Aufgabenbereichen einsetzen lässt. Die Bedeutung von Positionen und Personen ist je nach Unternehmen sehr individuell. Umso wichtiger ist es, dass du dir über deine eigene aktuelle Bedeutung im Klaren bist. Hierfür brauchst du eine gute objektive Selbsteinschätzung, was nicht immer einfach ist. Frauen scheuen den Vergleich und das Sich-in-Konkurrenz-setzen generell und vor allem im Job. Doch gerade wenn du Karriere machen oder dir erfolgversprechende Projekte angeln willst, musst du in der Lage sein, ganz klar zu zeigen, warum du dieses Projekt besser als alle anderen betreuen und managen kannst. Darüber hinaus werden der Vergleich und die Abgrenzung zu Kollegen für dich spätestens bei außerordentlichen Gehaltsforderungen relevant, die du als gute Mitarbeiterin früher oder später auf jeden Fall stellen solltest.

Die meisten Angestellten überschätzen ihre eigene Bedeutung im Gesamtgefüge, weil sie schlicht nicht die Möglichkeit haben, Zusammenhänge aus einer übergeordneten Vogelperspektive zu betrachten und weil ihnen nicht bewusst ist, dass eine gute Selbsteinschätzung ein Instrument ihrer weiteren Möglichkeiten ist. Mehrere Wege stehen dir zur Verfügung, um eine gute Einschätzung über deine aktuelle Position im Räderwerk zu erlangen:

- **Der einfachste Weg:** Frage deine Kollegen regelmäßig nach Feedback. Fordere konkret dort Feedback ein, wo du an deiner Selbsteinschätzung zweifelst. Prüfe gelegentlich auch die Punkte, in denen du deiner Einschätzung vertraust, indem du auch hier deine Kollegen um Feedback bittest. Beachte jedoch gerade dann, wenn du Kollegen integrierst, zwischen wertvollem und konstruktivem Feedback und Bullshit-Feedback zu unterscheiden. Suche dir immer Kollegen aus, die sachlich, konstruktiv und neidlos Feedback geben.

- **Der mittlere Weg:** Frage deinen Chef regelmäßig nach Feedback. Nicht jeder will das hören, doch es bringt dich weiter. An diesem Feedback kannst du schon sehr genau ablesen, wo du gerade stehst und wie deine Arbeit wahrgenommen wird. Nutze Skalenfragen wie „Wie zufrieden sind Sie auf einer Skala von 1 bis 10 mit dem Ablauf des Projektes?" um zu sehen, was von dir erwartet wurde. Frage auch konkret nach Verbesserungsmöglichkeiten.

- **Der Königsweg – hart aber fair:** Aus Teil 1 kennst du die Relevanz der Prioritätenliste deines Chefs. Überlege dir, welche Themen sich auf dieser Liste deines Chefs aktuell befinden. Schreibe es auf. Du erkennst diese Themen beispielsweise daran, dass:

  - sie oft besprochen, präsentiert, höher budgetiert und mit mehr Personal ausgestattet sind

  - sie lange Laufzeiten haben

  - dein Chef zu diesen Themen viel mehr Meetings und Abstimmungstermine einplant

  - er eventuell selbst daran arbeitet

  - er sich regelmäßig hierzu updaten lässt

  - jeder dieses Thema kennt.

Nun schreibe deine Themen auf und gleiche sie mit dieser Prioritätenliste deines Chefs ab. Tau-

chen deine Themen auf dieser Liste auf? Im Idealfall solltest du mindestens ein Thema dieser Liste
bearbeiten, denn sie führen garantiert zum Erfolg,
wenn du sie gut löst. Je weiter unten deine Themen stehen (z.B. als zuarbeitende Themen), desto
weniger bedeutend ist deine aktuelle Stellung im
Hinblick auf deine Erfolgsaussichten, aber auch
deine individuelle Position. In diesem Fall hast du
keine Sichtbarkeit und keine Möglichkeit, dich zu
positionieren. Deshalb ist es wichtig, an diese Themen heranzukommen.

Short and simple: Kenne deine Stellung im Job,
um deine Möglichkeiten zu sehen.

3

Cherrypicking: How to Erfolg

Cherrypicking hört sich nach etwas Verbotenem an – allerdings nur für Frauen. Denn wir empfinden es als unfair, wenn einer immer die Kirschen bekommt, während sich alle anderen mit den langweiligen übrigen Themen herumschlagen müssen. Männer halten das hingegen für schlau. Sie respektieren und achten Kollegen, die sich auf diese Weise durchsetzen. Erfolgreich aus der Reihe zu tanzen, ist für Männer ein Triumph. Frauen hingegen sehen Aus-der-Reihe-tanzen immer kritisch, völlig unabhängig davon, was damit erreicht wird.

Cherrypicking ist in der Jobwelt eine der am meisten eingesetzten Methoden erfolgreicher Menschen – das sollte auch Frauen zu denken geben. Echte Cherrypicker erledigen ausschließlich Aufgaben von hoher Relevanz oder mit Prestigefaktor, also Aufgaben der Prioritätenlisten, und lehnen konsequent alle anderen Aufgaben ab. Wenn du als Frau Karriere machen willst, musst du zumindest hin und wieder diese Methode für dich nutzen, denn es ist der schnellste Weg, Lorbeeren zu ernten. Die meisten Frauen, die ich kenne, betreiben allerdings gar kein Cherrypicking und schlagen sich stattdessen mit den „Einer-muss-es-ja-machen"-Aufgaben herum. Nett aber nutzlos. Die Chance zum Cherrypicking muss man sich in der Regel erarbeiten, aber sie ist auf jeder Karrierestufe bereits im Kleinen möglich und zwar alleine dadurch, dass man Aufgaben aktiv einfordert:

- Nutze deine aktuelle Position als Ausgangslage und überlege dir, wie du dich den Themen der Prioritätenliste, basierend auf deinen bisherigen Tätigkeiten und persönlichen Qualifikationen und Eigenschaften, annähern oder sie bereits völlig übernehmen kannst. Themen dieser Liste sind für dich relevant, wenn du durchstarten willst.

- Schlage deinem Chef vor, dass du an einem dieser Themen arbeiten willst und stelle auch deine Motivation, warum du das willst, heraus.

- Wenn du kein Thema der Prioritätenliste bearbeiten möchtest, solltest du trotzdem die Cherrypicking-Methode einsetzen und aktiv auf deinen Chef zugehen, um Vorschläge über mögliche andere Aufgaben zu machen. Du gibst dir damit viel mehr Spielraum, was die Gestaltung deines Alltags und deinen Spaßfaktor angeht. Darüber hinaus positionierst du dich hier fachlich bei den von dir bevorzugten Themen.

Beachte bitte, dass deine Alternative eine viel schlechtere ist, nämlich ohnehin Aufgaben aufgetragen zu bekommen, die du dann nicht beeinflussen kannst. Nutze deine Arbeitszeit also, um dich für Themen, Aufgaben und Rollen einzusetzen, die dir zusagen und dich in eine von dir bevorzugte Richtung entwickeln. Sehr viele Angestellte, die ich kenne, ergreifen aus Unwissenheit über diese Möglichkeit und aufgrund zu weniger Vorbilder, fast nie die Initiative und gehen nicht auf ihre Chefs mit konkreten Vorschlägen zu. Das ist sehr schade, denn Chefs mögen aktive und motivierte Mitarbeiter. In meinem Seminar „Get the Cherry" entwickle ich gemeinsam mit den Teilnehmerinnen ihre Erfolgsstrategien, die ihnen helfen, genau solche Themen in Angriff zu nehmen.

Die meisten Angestellten betrachten sich im Job als passive Mitwirkende, die darauf warten, dass ihnen gesagt wird, was sie zu tun haben. Der Cherrypicker sieht sich hingegen als aktiver Mitspieler, der durch Eigeninitiative seine Tätigkeiten beeinflusst und zum Teil sogar bestimmt. Genau das ist eine Eigenschaft, die dich im Job und in vielen anderen Lebensbereichen nach vorne bringt. Zum Punkto Fairness beim Cherrypicking: Ich bin der Meinung, dass dieses Argument eine faule Ausrede ist, für Menschen, denen der Mut fehlt, sich für sich selbst einzusetzen. Die Verantwortung für die Arbeitsaufteilung trägt euer Chef. Es ist seine Aufgabe dafür zu sorgen, dass keine Missverhältnisse zustande kommen. Des Weiteren hat jede Cherrypickerin mit schlechtem Gewissen die Möglichkeit selbst fair zu sein, indem sie jederzeit auch Aufgaben annehmen kann, die ihr, wie den meisten anderen, aufgetragen werden.

Short and simple: Cherrypicking ist kein Verbrechen – do it.

4

Erkenntnis: Das wahre Ziel

An dieser Stelle werden sich die meisten von euch fragen, was heißt das? Dieses Thema habe ich bereits im Kapitel 5 in Teil 1 „Was dich daran hindert, im Job erfolgreich zu sein" angerissen. Hier möchte ich nochmals etwas tiefer darauf eingehen, weil die Kenntnis vom wahren Ziel einen enormen Unterschied für eure Arbeitsplanung, sowohl inhaltlich als auch zeitlich, bedeuten kann.

Nicht immer ist das kommunizierte oder offensichtlich angenommene Ziel einer Aufgabe oder eines Projektes auch das eigentliche Ziel. Häufig liegt der Unterschied zwischen dem verstandenen Ziel und dem, was der Chef wirklich von einem will, an einem einfachen Kommunikationsproblem, das sich durch einen regelmäßigen Austausch beheben lässt. Doch nicht immer ist das der Fall. Es gibt durchaus Situationen, in denen den Mitarbeitern das wahre Ziel einer Aufgabe absichtlich vorenthalten wird oder aus politischen und rechtlichen

Gründen nicht kommuniziert werden kann. Ein Beispiel: eine meiner Kundinnen wurde gebeten einen Produktionsprozess in der industriellen Nahrungsmittelherstellung so zu entwickeln, dass dabei vorgegebene Kennzahlen eingehalten werden. Sie dachte also, dass genau das ihr Ziel sei. Im Verlauf ihrer Arbeit stellte sich allerdings heraus, dass die Realisierung dieser Kennzahlen unmöglich war. Sie stellte im Nachhinein fest, dass ihre Auswertungen dazu dienten genau dieses Ergebnis abzubilden und zu vermarkten, nämlich dass die Produktion unter diesen Bedingungen nicht möglich war. Natürlich könnte man es nun für spekulativ halten, anzunehmen, dass diese Absicht von vornhinein bestanden habe. Doch das ist keine Ausnahme. Gerade Frauen sind häufig zu gutgläubig, um diese Möglichkeit überhaupt in Betracht zu ziehen. Es gibt Fälle, in denen das eigentliche Ziel gerade nicht kommuniziert wird.

Ein weiteres Beispiel: Beschäftigungstherapie. Mitarbeitern werden Aufgaben gegeben, um sie bei der Stange zu halten, entweder, um sie weiter im Unternehmen zu haben, weil sie sehr kompetent sind oder schlicht, um die Größe der Abteilung aufrechtzuerhalten, obwohl aktuell eigentlich zu viele Mitarbeiter beschäftigt sind. Daneben gibt es noch den tragischen Fall, dass Mitarbeiter, die weder motiviert sind noch ihren Pflichten nachkommen oder sogar andere Kollegen in ihrer Arbeit behindern, von Vorgesetzten in eine Position befördert werden, in der sie isoliert arbeiten. Diese Mitarbeiter werden aufs Abstellgleis gestellt, um keinen Schaden anzurichten. Mir ist bewusst, dass sich das sehr hart anhört, der Vollständigkeit halber muss es aber hier erwähnt werden. Daneben ist diese Vorgehensweise von Führungskräften keineswegs verwerflich, denn sie dient dazu, die Motivation des gesamten Teams als auch dessen Leistungen zu schützen. Häufig enden solche Mitarbeiterverhältnisse am Ende des Tages in einem Auflösungsvertrag mit einer Abfindung.

In allen Fällen spielen jedoch die Aufgaben als auch die Ergebnisse eine untergeordnete Rolle – und das sollte man dann wissen. Und noch ein Beispiel: Auch euren Chefs werden von oben Aufgaben diktiert, die sie eigentlich nicht forcieren wollen. Doch sie müssen sich gegenüber ihren Vorgesetzten zumindest rechtfertigen können, dass genug unternommen wurde, um das Thema zu untersuchen. Auch in diesem Fall macht es für dich einen großen Unterschied, ob du die Aufgabe mit all deiner Energie zum vermeintlichen Erfolg führst oder eben das wahre Ziel deines Chefs mit 50% deiner Kraft erreichst, weil eine finale Lösung gar nicht gewünscht ist.

Hieran ist auch sichtbar, warum solche Ziele von Führungskräften gegenüber Mitarbeitern nicht kommuniziert werden können – es würde sie schlicht diskreditieren. Die Ziele deines Chefs in diesen Fällen zu übergehen und dennoch voll abzuliefern, macht nur dann Sinn, wenn du wiederum mit seinem Chef in gutem Austausch stehst und auf der Karriereleiter eine Stufe überspringen willst oder anders: wenn du ihn übergehen willst, um Karriere zu machen und das ist in wenigen Fällen ratsam. In allen anderen Fällen führt dein Vorankommen immer über die Agenda deines Chefs.

Auch und vor allem im Management spielt die politische Motivation zur Ausführung von Aufgaben und Projekten eine sehr große Rolle. Je höher du in der Führungshierarchie steigst, desto eher musst du dieses Spiel beherrschen. Politische Entscheidungen oder politisch motivierte Handlungen sind hier an der Tagesordnung. Hier ein Praxisbeispiel: Im Rahmen eines Unternehmensverkaufs wurde ich zu diesem Unternehmen geschickt, um den Prozess zur Erstellung der nötigen Unterlagen zu unterstützen. In Wirklichkeit ging es allerdings darum, den Geschäftsführern dieses Unternehmens in einer extrem belastenden Situation Unterstützung und Rückhalt durch die Eigentümer zu signalisieren, als auch gegenüber der eigenen Unternehmensmutter den Einsatz aller zur Verfügung stehenden Ressourcen auszuweisen. Eine klassische Vermittlerrolle, die Erfüllung des kommunizierten Arbeitsauftrages war nebensächlich.

Wichtig ist also, dass du erkennst, was das wahre Ziel ist, um deine Arbeitszeit nicht auf unvermeidbar verlorene Themen oder Themen mit einer anderen Ausrichtung, als der von dir geglaubten zu setzen und auch, um deine Ressourcen zu schonen, wenn sich dein Einsatz nicht auszahlt oder im von dir geglaubten Ausmaß nicht nötig ist. Wie kannst du herausfinden, um was es wirklich geht:

- **Der einfachste Weg:** Frage deinen Chef, was mit der Aufgabe, dem Projekt o.ä. letzten Endes erreicht werden soll. Um mehr zu erfahren, frag ihn, was der nächste Schritt im Anschluss ist und wie diese Aufgabe zur Gesamtstrategie/zum Vertriebsansatz, zum Angebot usw. passt. Merke dir: auch keine oder eine schlechte Antwort sagt sehr viel aus.

- **Der bessere Weg:** Frage deine Schnittstellen und Kollegen mit mehr Erfahrung zu ähnlichen Themen, wie solche Aufgaben in der Vergangenheit abliefen. Frage sie einfach, wie sie deine Themen einschätzen.

- **Der beste Weg:** Wenn du die Möglichkeit hast, frage jemanden aus der nächst höheren Hierarchiestufe deines Chefs, wie er dieses Thema einschätzt, oder ob in seinem Bereich bereits solche Themen angegangen wurden. Wenn ja, wie wurden sie gelöst?

- **Auch immer gut:** Lerne von anderen. Beobachte, wie dein Chef mit den Ergebnissen von Kollegen am Ende verfährt. Passt das noch zum ursprünglichen Auftrag?

Netzwerken ist hierfür ein riesiger Vorteil, denn es hilft dir an Informationen zu kommen, die dich sonst nicht erreicht hätten. Versuche immer auch sehr erfahrene Kollegen in dein Netzwerk einzubeziehen.

Short and simple: Konzentriere dich auf die wahre Aufgabe – spar dir den Rest.

5

Abstimmung: Das Ziel absichern

Du kennst deine persönlichen Ziele, du arbeitest an Themen der Prioritätenliste und weißt über die wahren Ziele Bescheid. Im nächsten Schritt geht es darum, deine Arbeitsfortschritte abzusichern, denn das garantiert dir den Erfolg, bringt dir Sicherheit für die nächsten Schritte und Unterstützung durch deinen Chef. Abstimmung ist ein Thema, dass die meisten Mitarbeiter theoretisch beherrschen und praktisch nicht oft genug anwenden. Vor allem Frauen nutzen Abstimmung viel zu wenig, weil wir lieber vor uns hinwursteln, getreu dem Motto, der Chef weiß ja was ich tue. Merke dir: lieber nerven und sehr gut abliefern als schweigen und mittelmäßig performen oder am Thema vorbei arbeiten. Wenn du am Ende eine gute Arbeit ablieferst, ist alles, was davor war, egal. Es wäre also sehr unklug sich dann nicht mit dem Chef anzustimmen, da du nur gewinnen kannst, wenn du es machst.

Abstimmung ist ein Prozess, der regelmäßig stattfinden sollte. Auch bei kleineren Themen macht das Sinn, um ein gutes Gefühl für die Vorstellungen deines Chefs zu bekommen und Vertrauen für zukünftige, eventuell größere Projekte aufzubauen. Selbst wenn du der Meinung bist, bereits beim ersten Gespräch deinen Arbeitsauftrag genau verstanden zu haben, passiert es immer wieder, dass er sich im Laufe der Zeit verschiebt, dass dein Chef über wichtige neue Informationen verfügt oder aufgrund der bisherigen Ergebnisse die Ausrichtung deiner Aufgaben ändern möchte. Das alles weißt du nur, wenn du dich abstimmst. Im Übrigen reden wir gerade im Job viel öfter aneinander vorbei, als wir auf den ersten Blick denken.

Ein anderer wichtiger Aspekt der Abstimmung wird von Mitarbeitern oft übersehen. Abstimmung dient dem Vorankommen deiner Aufgaben, weil du deinen Chef hier aktiv um weitere Hilfe bitten und immer wieder seine Zustimmung einfordern kannst, z.B. indem er dir Kontakte vermittelt, dir den Einsatz von weiteren Tools freigibt, dein Projekt in entscheidenden Kreisen vorstellt oder dir den Einsatz von Kollegen zur Unterstützung deiner Themen bewilligt. Erfolgreiche Mitarbeiter pflegen diese

Methode und stehen in engem Austausch zu ihren Führungskräften und sie fordern vor allem immer wieder die Unterstützung des Chefs ein – einer der Hauptgründe für ihren Erfolg.

Abstimmung sollte bei größer angelegten Projekten nicht nur zwischen dir und der Führungskraft erfolgen, sondern auch zwischen allen Beteiligten. Dies dient zum einen dem fachlichen Update aller, zum anderen schafft es Bindung an die Aufgabe und den Projektleiter und hebt die Relevanz des Themas hervor. Fortschritte immer wieder aus einem übergreifenden Blickwinkel deinen mitarbeitenden Kollegen vorzustellen und mit ihnen durchzusprechen, gehört zum guten Ton in einer Leitungsfunktion.

Wenn du in Zukunft eine Aufgabe erhältst, gehe wie folgt vor, um das Beste aus ihr zu machen und sie erfolgreich zu Ende zu bringen:

• Vereinbare sofort nach Bekanntwerden deiner Aufgabe oder deines Projektes einen Besprechungstermin zur Abstimmung der Ziele und Erwartungen, wichtiger Aspekte und vor allem der Rahmenbedingungen (Zeitraum, Budget, Mitarbeitende, externe Ressourcen, Urlaubszeiten, deine Rollenbezeichnung). Gerade in schlecht organisierten Unternehmen werden Aufgaben nie unter dem Aspekt von Rahmenbedingungen besprochen, obwohl sie maßgeblich über Erfolg oder Misserfolg entscheiden. Viele junge Mitarbeiter, gerade in jungen Unternehmen, gehen selbstverständlich davon aus, dass sie Aufgaben völlig eigenständig zu lösen und zum Erfolg zu bringen haben, auch wenn sie unter Rahmenbedingungen arbeiten, die das schlichtweg unmöglich machen. Leider ist es keine Seltenheit, dass Chefs in derart schlecht organisierten Unternehmen keine Verantwortung für die Schaffung von effizienten Rahmenbedingungen übernehmen.

- Im Anschluss stellst du mehrere weitere Termine mit deinem Chef dazu ein, um dich an diesen Punkten mit ihm zum bisherigen Verlauf als auch mit Blick auf die nächsten Schritte abzustimmen. Diese Statusberichte sind auch eine gute Möglichkeit deine Fortschritte und Erfolge stetig zu präsentieren und deine fachlichen und persönlichen Herausforderungen darzustellen.

- In mindestens einem dieser Termine forderst du unter Nennung eines konkreten Vorschlags seine Unterstützung ein.

Short and simple: Spreche mit deinem Chef und nutze seine Rolle für deine Fortschritte.

6

Reden: Erfolg vermarkten

Das ist kein Thema für Frauen, genau deshalb steht es hier. Egal, welche Aufgaben du gerade bearbeitest, ob du damit schon Erfolge vorweisen kannst oder nicht – fange an sie zu positionieren und anderen zu präsentieren. Ich weiß, liebe Damen – viele von euch halten das für Anbiederungen, und gerade dann, wenn noch keine Ergebnisse vorliegen, kann das sogar der Fall sein - aber was soll's. Lernt von euren männlichen Kollegen, die das übrigens nicht als anbiedernd betrachten. Die Welt der Männer besteht im Job in wesentlichen Aspekten aus dem, was Frauen als sich- zur-Schau stellen auffassen.

Gerade dann, wenn ihr wirklich gute Arbeit leistet, solltet ihr euch endlich selbst belohnen, indem ihr euch Lob und Anerkennung auch abholt. Über seine Erfolge zu sprechen, hat in diesem Sinne sehr viel mit Selbstachtung zu tun - es ist die Wertschätzung, die ihr eurer eigenen Arbeit entgegenbringt, indem ihr auch öffentlich dazu steht. Das muss nicht immer extrem plakativ sein. Über seine Erfolge zu sprechen, kann auch sehr sachlich und inhaltlich stark sein, indem man das, worauf es bei deiner Aufgabe ankam, einfach auf den Punkt bringt.

Außerdem müsst ihr, als gute Mitarbeiterinnen, sowieso über eure Leistungen sprechen, wenn ihr weiterkommen wollt, sonst stehlen euch nämlich genau die, die eigentlich viel weniger drauf haben als ihr, die Show, weil sie eben über ihre Aufgaben und Leistungen reden - unfair, oder? Frauen sind auch im Job eher auf das Wohl und die Stimmung der Gruppe als auf ihr eigenes Wohl bedacht und ziehen die Meinung anderer viel mehr in ihr Denken und ihre Handlungsabwägungen mit ein. Gerade im Job musst du dir aber darüber im Klaren sein, dass hier eben nicht die Spielregeln von Frauen gelten. Von Männern wirst du also Lob ernten, wenn du deine Themen verkaufst, von Frauen entweder Missgunst (weil du die Regeln der Frauenwelt brichst) oder Gleichgültigkeit (weil sie es nicht verstehen). Sollte dir Neid widerfahren, kannst du dich freuen, denn es zeigt, dass du an etwas dran bist, dass auch für deine Kollegen erstrebenswert ist, also kein Grund zur Panik. Ich persönlich kann überhaupt nichts Schlechtes daran erkennen, etwas gut zu machen und darüber zu sprechen.

Deine Themen zu präsentieren schafft dir Sichtbarkeit, es zeigt ganz unabhängig vom Inhalt, dass man mit dir rechnen kann, dass du engagiert und motiviert bist. Der Einsatz deiner Körpersprache ist bei Vorstellungen vor wichtigen Personen oder größeren Gruppen wesentlich. Sie trägt im Idealfall dazu bei, das was du sagst, zu stärken und deine Botschaft als glaubwürdig und überzeugend bei deinen Zuhörern zu platzieren. Unsere Körpersprache ist eines der mächtigsten Instrumente, um andere Menschen unterbewusst zu beeinflussen und von unserer Absicht zu überzeugen. Menschen, die ihre Köpersprache bewusst steuern können, sind sogar in der Lage ein synchrones Bild zwischen dem, was sie sagen und dem was ihr Körper ausdrückt, selbst dann abzugeben, wenn es dies gar nicht der Fall. Weiterhin hast du die Möglichkeit, dich durch das Sprechen über deine Themen zu positionieren und dir selbst eine Richtung zu geben – eine nicht zu unterschätzende Funktion, die du hierdurch nutzen kannst.

Wenn du Karriere machen willst, musst du präsentieren. Die gute Nachricht: Je öfter du es machst, desto einfacher wird es. Mein Anliegen ist es allerdings in diesem Buch die negative Ansicht vieler Frauen in Bezug auf das Reden und Präsentieren von Erfolgen aufzubrechen. Dein Jobleben wird sehr viel einfacher hierdurch, weil du selbstbestimmter deine Themenagenda setzen kannst. Folgende Gründe sprechen dagegen, kein Selbstmarketing zu betreiben:

- Selbstmarketing ist Teil der Spielregeln der Jobwelt. Diese Regeln gelten für dich, solange du sie nicht ändern kannst.

- Jeder muss mal anfangen: wenn dein erster Vortrag schlecht ist, ist er wie jeder erste Vortrag.

- Gute Mitarbeiter haben gegenüber schlechten Performern, aber guten Selbstvermarktern das Nachsehen.

- Du hast keinen Einfluss auf deine Entwicklung.

- Deine Neider bringen dich nicht weiter, sie haben null Einfluss auf deine Aufgaben, deine Perspektive und deinen Erfolg – vergiss sie.

- Niemand erkennt deine Leistung, niemand kennt deine Stärken.

- Niemand weiß, was du machst – du spielst keine Rolle.

- Graue Mäuschen wirken gleichgültig, deshalb bekommen sie die Aufgaben, die keiner haben will, obwohl sie viel mehr könnten – aber das weiß ja keiner.

- Passive Menschen werden von aktiven Menschen bestimmt – das macht keinen Spaß.

Wenn dir das „Verkaufen" deiner Themen schwerfällt, beginne in einem unkritischen Umfeld damit, z.B. bei deinen Kollegen, in den Teammeetings oder Kaffeepausen, um Sicherheit in Bezug auf deine Aussagen zu gewinnen und auch erste Reaktionen zu erfahren. So kannst du dabei vorgehen:

- Grundsätzlich: Sprich vor allem über Themen, die du auch in Zukunft weiter ausbauen möchtest oder über Bereiche, in denen du dich fachlich weiterentwickeln willst.

- Grundsätzlich: Sprich nicht über Themen, die du nicht länger bearbeiten willst. Lehne Vortragschancen hierzu ab.

- Erzähle deinen Kollegen oder kleineren Gruppen, an was du aktuell arbeitest.

- Erzähle ihnen regelmäßig, wie du vorankommst.

- Bitte deinen Chef darum, dein Thema selbst, sofern noch keine finalen Ergebnisse vorliegen, einfach in einer Teamrunde vorzustellen. Diese Situation kannst du nutzen, um zu üben.

- Wenn du erfolgreich warst, erzähle es deinem Chef, sage genau, was deine Leistung dabei war und welche weiteren Faktoren zum Erfolg beigetragen haben. Das kannst du gerne mehr als ein Mal machen.

- Traue dich und mache das Angebot, auch in größeren Runden deinen Erfolg zu präsentieren.

Short and simple: Orientiere dich an den Spielregeln, die wirklich zählen.

7

Fordern: Erfolg belohnen

Auch kein Thema für Frauen, aber auch viele Männer sind ebenfalls schlecht im Fordern. Fordern ist einer der Schlüsselfaktoren, wenn es um deine Entwicklung im Job geht. Ob und wie häufig Mitarbeiter fordern, hat sehr großen Einfluss auf ihre Perspektive, ihren Alltag, Gehalt und ihre Aufgaben – kurzum auf alle relevanten Kriterien deines Berufs, selbst dann, wenn Karriere machen nicht dein persönliches Ziel ist. Genau aus diesem Grund muss Fordern zu einem regelmäßigen Bestandteil deiner Job-Werkzeugkiste werden. Wenn du ein relevantes Thema zum Erfolg geführt hast, spricht darüber und hole dir deine Anerkennung ab. Die bekommst du in der Jobwelt nicht nur durch mündliches Lob, sondern vor allem auch, über das, was du forderst. In Unternehmen drückt sich Wertschätzung am Ende des Tages in Form von Titel, Gehalt, Verantwortung und Arbeitsbedingungen aus. Gutes Zureden alleine sollte dir also langfristig nicht reichen, vor allem dann nicht, wenn deine Leistungen konstant sehr gut sind.

Gute Mitarbeiter dürfen fordern. Achte also darauf, dass deine Leistungen deine Forderungen auch rechtfertigen.

Um einen möglichst objektiven Blick auf deine Leistungen zu werfen, nutze zum einen die Feedbackansätze aus Kapitel 2, denke zum anderen darüber nach, welche Erfolge, nicht Ergebnisse, du mit deinen Leistungen erreicht hast und zwar auch in Gegenüberstellung zum ursprünglichen Arbeitsauftrag. Hast du mehr geliefert als ursprünglich verabredet? Sehr gut, dann ist es Zeit zu fordern. Die meisten Mitarbeiter scheuen sich davor zu fordern, weil sie es für zu forsch halten oder als Zeichen von Unzufriedenheit werten. Gute Mitarbeiter, die nie fordern, arbeiten unter Wert. Jeder gute Chef weiß das, deshalb ist er auch bereit mit den ihm zur Verfügung stehenden Mitteln einen guten Mitarbeiter zu halten und zu belohnen.

Fordern, ist die beste und auch notwendige Methode, mit der du die Ziele deiner persönlichen Agenda in die Realität umsetzt - vorausgesetzt deine Leistungen stimmen. Auch hier gilt wiederum, orientiere dich dabei nicht an den Erfahrungen, die andere beim Fordern machen. Fordern ist eine sehr individuelle Angelegenheit, die Chefs bei unterschiedlichen Mitarbeitern auch unterschiedlich handhaben, weil sie eben die Leistungen der Mitarbeiter als verschieden einschätzen. Schraube deine Forderungen nicht von vornehinein nach unten, weil anderen Kollegen ähnliche Forderungen nicht bewilligt wurden. Jede Forderung für sich ist ein individueller Fall. Forderungen können sowohl persönlich, also zu deinem eigenen Vorteil, als auch fachlich sein, insofern du damit deine zukünftigen oder weiteren Aufgaben unter besseren Bedingungen fortführen willst, zum Beispiel durch mehr Budget, Mitarbeiter oder zusätzliche Software. Gerade diese fachliche Komponente wird selbst bei Mitarbeitern, die regelmäßig fordern häufig vernachlässigt. Nach Beendigung eines erfolgreichen Projektes hast du allerdings sehr viel bessere Chancen auch für deine anderen Aufgaben die Rahmenbedingungen durch Fordern zu verbessern, weil das Vertrauen in dich durch deine Führungskraft und der Glaube an dein Potenzial, zu Recht, besonders hoch sind.

Hast du Erfolg gehabt, gehe wie folgt vor:

- Überlege dir, welches Ziel deiner persönlichen Agenda du als erstes angehen willst und fordere nach einem erfolgreichen Projekt oder einer erfolgreich beendeten Aufgabe konkret Unterstützung durch deinen Chef, um dein Ziel zu realisieren. Im Idealfall sollten nicht mehr als drei Wochen nach Abschluss deines Projektes vergehen, um zu fordern, ansonsten geraten deine guten Leistungen im Trubel des Berufsalltags wieder in Vergessenheit. Erfolge müssen regelmäßig präsentiert und wiederholt werden. Ihre Halbwertszeit überlebt in wenigen Fällen länger als ein Jahr, und das auch nur bei wirklich relevanten Projekten.

- Es ist ratsam, gerade wenn du noch nicht lange in diesem Unternehmen bist oder erst einen Erfolg vorweisen kannst, zunächst fachliche Forderungen zu stellen, um die Rahmenbedingungen deiner Aufgaben zu verbessern und erst im nächsten Schritt persönliche Forderungen einzubringen.

- Fordern sollte immer im persönlichen Gespräch stattfinden. Hierdurch unterstreichst du die Relevanz dessen, was du forderst, und du wirst ernster genommen. Körpersprache spielt in solchen Situationen eine zentrale Rolle, denn sie unterstützt idealerweise mit Nachdruck, das was du forderst und spiegelt deine innere Überzeugung wider.

- Bevor du forderst, stelle nochmal deine Erfolge und deine persönliche Leistung zur Rede. Was hast du getan? Worin lag dein besonderes Engagement?

- Spreche darüber, wie du dir deine weitere Entwicklung oder den weiteren Verlauf deiner Themen vorstellst. Bringe ein, welche Erfahrungen du machen willst oder was dich fachlich interessieren würde.

- Ein weiser Chef wird selbst Vorschläge einbringen. Alle anderen verstehen deine Botschaft aber auch.

- Bringe deine Vorschläge zum Schluss konkret ein und gib deinem Chef auch die Möglichkeit bis zu eurem nächsten Gespräch darüber nachzudenken, was er davon hält, falls ihr euch nicht direkt einig werdet oder Rahmenbedingungen zuvor geklärt werden müssen.

Fordern ist sehr viel umfangreicher, als wir gemeinhin denken, denn im Grunde lässt es sehr viel Spielraum auch für nicht reglementierte Formen der Unterstützung durch den Arbeitgeber.

Objekte des Fordern sind zum Beispiel: die Teilnahme an einer Fortbildung oder den Besuch von Veranstaltungen oder Kongressen, Gehaltsforderungen, höhere Titel, einen Geschäftswagen, Arbeitsmittel, die Mitarbeit oder Leitung einer bestimmten Aufgabe oder eines Projekts, flexiblere Arbeitszeiten, mehr Budget oder Personalunterstützung für deine Aufgaben, andere Programme oder Tools, die Vermittlung von Geschäftskontakten oder die Möglichkeit deine Aufgaben aktiv zu bewerben über Vorträge und Präsentationen.

Short and simple: Mache Fordern zum Teil deiner Arbeit.

8

Zeit nutzen: Erfolg ermöglichen

Ein effizientes Zeitmanagement macht einen großen Unterschied in der Geschwindigkeit, in der du deine Ziele erreichst und deine Aufgaben erledigst. Auch hierzu gibt es ein Missverständnis unter vielen Angestellten, nämlich, das Zeitmanagement vor allem heißt, die eigene Arbeitszeit sinnvoll zu nutzen. Das ist ein Teil der Wahrheit. Die viel wichtigeren Komponenten, die effizientes Arbeiten auszeichnen, hast du bereits in diesem Buch kennengelernt – nämlich zum einen, das wahre Ziel zu kennen und zum anderen sich regelmäßig die Richtung, in die es gehen soll, vom Chef in der Abstimmung und im Austausch mit ihm bestätigen zu lassen.

Du kannst deine persönliche Arbeitszeit noch so zeitoptimal ausrichten, wenn du am falschen Thema arbeitest, weil du dachtest, du hast schon verstanden, was du tun sollst, dann ist das alles andere als effizient. Wirklich effizientes Arbeiten macht deinen Berufsalltag sehr viel einfacher, vor allem aber erfolgreicher und bringt dir mehr Freizeit – ein sehr wichtiger Faktor, weil du dich erholen musst, um wirklich gute Arbeit abliefern zu können und weil die meisten Menschen auch noch ein Leben nach der Arbeit haben. Wenn du dich am wahren Ziel orientierst und dich mit deinem Chef abstimmst, bist du immer noch effizienter als all diejenigen, die „nur" ihre persönliche Arbeitszeit gut nutzen.

Kommen wir zur persönlichen Arbeitszeit. Sie effizient zu nutzen, bedeutet, Themen zu priorisieren und konsequent abzuarbeiten, das heißt auch, dass alle anderen Tätigkeiten, die nicht wirklich dringlich sind, abgelehnt werden müssen. Frauen sollten das bedenken, wenn wir unseren Kollegen wieder bei etlichen anderen Dingen helfen.

Was sind nun wirklich dringliche Aufgaben? Hier kannst du dir als Richtgröße merken: Dringlich sind alle Aufgaben deiner persönlichen Agenda als auch diejenigen deiner Themen, die Teil der Prioritätenliste deines Chefs sind. Diese Aufgaben solltest du immer zuerst bearbeiten und erledigen, da sie deine Erfolgsgaranten sind. Du richtest deine Arbeit also rein erfolgsorientiert aus. Vergiss nicht, dass Teil deiner persönlichen Agenda dabei auch Ziele wie etwa mehr Spaß bei deinen Tätigkeiten sein können. Nicht alle Ziele deiner persönlichen Agenda können jedoch täglich aktiv bearbeitet werden.

Dies trifft zum Beispiel dann zu, wenn eines davon das Erreichen von Homeoffice sein sollte oder ein besseres Verhältnis zu deinen Arbeitskollegen. Hier gilt es abzuwägen, welche persönlichen Ziele du nur über das erfolgreiche Erledigen von Aufgaben der Agenda deines Chefs erreichst und, welche du zusätzlich durch dein Verhalten steuern kannst. Gerade auch bei diesen eher weichen Themen, wie etwa eine bessere Arbeitsatmosphäre zu erreichen, solltest du dich regelmäßig fragen, was du durch dein Verhalten dazu beisteuern kannst.

In allen anderen Fällen helfen dir folgende Schritte, deinen Tag effizient zu strukturieren:

- Blocke dir deinen Kalender für die Themen, die du bearbeiten willst, damit andere deine Zeit nicht in Anspruch nehmen können. Du gewinnst

hierdurch mehr Souveränität in der Priorisie-
rung von Aufgaben und hast mehr Freiheit bei
der Festlegung von Terminen mit Kollegen.

- Schreibe dir die zu erledigenden Schritte auf –
mache dir Tages- und Wochenlisten mit den
Zielen oder Zwischenzielen, die du pro Tag erledigen willst.

- Diese Liste ist deine Prioritätenliste – weise alle
anderen Anfragen, außer von deinem Chef,
konsequent ab.

- Bitte Kollegen, die ein Problem damit haben,
sich an deinen Chef zu wenden.

- Bearbeite pro Tag nur Emails, die zu den Themen deiner Prioritätenliste gehören und Emails
deines Chefs. Alle anderen Emails liest du einmal am Tag, am besten abends, um dir zu überlegen, was davon auf die Bearbeitungsliste des
nächsten Tages soll.

- Löse alle Aufgaben mit einem Sinn für Pragma-
tismus und nicht mit einem Sinn für Kleinkarier-
tes. Übertreibe deine Ausarbeitungen nicht,
wenn es nicht sein muss. Bis zur finalen Ab-
gabe ändern sich Inhalte oder Ausrichtungen

häufig noch einige Male. Gerade auch bei Präsentationen. Der Feinschliff lohnt sich nur bei
der finalen Ausarbeitung.

- Wenn du fertig bist, gehe nach Hause – es
  spielt keine Rolle für dich, wie lange deine Kollegen da sind. Ich finde es schade, dass vielen
  Mitarbeitern ihre eigene Lebenszeit so egal zu
  sein scheint, dass Überstunden zu ihrem nor-
  malen Alltag gehören – noch viel schlimmer ist
  es, wenn das aufgrund des sozialen Zwangs
  unter Kollegen passiert. In vielen Unternehmen
  ist es leider immer noch Normalität, dass Kollegen, die vor allen anderen nach Hause gehen,
  von allen anderen blöd angeschaut werden.

  Lasst das endlich hinter euch und trefft eure eigenen Entscheidungen! Wer sich entschieden
  hat, seine Arbeitszeit von denen der anderen
  Kollegen abhängig zu machen, wird nie in den
  Genuss echten effizienten Arbeitens - und
  schon gar nicht seiner Freizeit kommen.

- Auch "Wir haben so viel zu tun"-Sätze sollten
  kein Dauerzustand werden.

Die Aufgabe deines Chefs besteht genau darin, Ar-
beitskräfte und Arbeitsaufkommen im Durchschnitt

im Rahmen vertraglicher Vereinbarungen zu realisieren. Mache seine Aufgaben langfristig nicht zu deinem Thema.

Short and simple: Effizienz heißt, das Richtige zu tun – erst dann kommen Post-Its.

9

Netzwerken: Erfolg teilen

Immer wenn ich in meinen Seminaren vom Netzwerken spreche, dann höre ich von Frauen folgendes: Das kann ich doch gar nicht, wie soll das gehen, ich habe doch gar kein Netzwerk. Jeder von uns hat ein Netzwerk, manche werden aktiv genutzt und andere nicht. Netzwerken bedeutet nichts anderes, als einen regelmäßigen beruflichen Austausch mit Kollegen, Geschäftskontakten und Freunden zu pflegen. Du kannst netzwerken, weil auch du über Wissen und vielleicht sogar Beziehungen verfügst, die anderen in bestimmten Situationen weiterhelfen. Frauen betrachten Netzwerken häufig als reines Egoinstrument, das von ihnen verlangt, anderen von ihren Erfolgen zu erzählen. Genau aus diesem Grund scheuen Frauen es. Stimmt zwar auch, aber das ist nur eine Seite des Netzwerkens. Die andere besteht darin, seinen Kontakten selbst Hilfe anzubieten und diese zu unterstützen. Für die meisten Frauen ist das der einfachere Weg ins Netzwerk.

Dein Netzwerk ermöglicht dir drei Dinge: zum einen schaffst du dadurch zu einigen deiner Kontakte ein vertrauensvolles Verhältnis, das dir ermöglicht informelle Informationen auszutauschen, und dir so unter Umständen die Arbeit an deinen Themen erleichtert. Zum anderen dient es als Plattform deines Selbstmarketings. Du schaffst dir einen Kreis an Menschen, der deine Leistungen und Erfolge kennt, weil du darüber gesprochen hast und du hast dadurch die Möglichkeit dich neu zu positionieren. Auch wenn gerade das, wie bereits gesagt, Frauen stört, sollte dir bewusst sein, dass dich dein Netzwerk jahrelang begleiten wird und dein Vorankommen im Job immens erleichtert kann. Außerdem gilt auch hier, wie sonst auch im Job – (falsche) Bescheidenheit ist ein Karrierekiller. Gerade dein Netzwerk ist eine gute Gelegenheit, um sich abzuschauen, wie andere mit ihren Erfolgen umgehen, sie positionieren und präsentieren. Du kannst hier also besonders von erfolgreichen Menschen lernen, in welchen Zusammenhängen sie ihr Netzwerk betrachten, weitere Verknüpfungen unterstützen und es für ihre eigenen Ziele nutzen. Besonders am Anfang, wenn du dich noch schwer damit tun solltest, über deine eigenen

Erfolge zu sprechen, ist dieses bewusste Be-
obachten ein Aspekt, von dem du sehr profitieren
kannst. In Idealfall erkennst du, aufgrund welcher
Motivation Kooperationen stattfinden und Allian-
zen geschlossen werden.

Zu guter Letzt gehen aus solchen Kontakten oft
Geschäftspartnerschaften hervor oder sie werden
dir über dein Netzwerk vermittelt, was gerade in
der fachlichen Bearbeitung deiner Themen eine
große Unterstützung sein kann. Diese drei Dinge
ergeben sich in der Regel von allein, solange du in
regelmäßigem Austausch mit deinem Netzwerk
stehst.

Falls du kein aktives Netzwerk hast, fange einfach
an, dich mit den Kollegen und Vorgesetzten, mit
denen du dich vernetzen möchtest, zu unterhalten.
Das Thema ist anfangs nicht wichtig, komme erst
einmal mit ihnen ins Gespräch und finde eine Wel-
lenlänge. Das kann jeder von uns. Verabrede dich
im nächsten Schritt mit ihnen zum gemeinsamen
Mittagessen in der Kantine oder sonst wo. Traue
dich und schlage das auch ranghöheren Kontakten
vor, du wirst sehen, dass sie sich in der Regel
freuen und Absagen höchstens aufgrund zeitlicher
Engpässe erteilen. Nimm es also nicht persönlich

und schlage einfach einen alternativen Termin vor. Es ist wichtig nach der Phase des Smalltalks deinen Kontakten auch immer wieder zu erzählen, an welchen Themen du gerade arbeitest und auch, welche Erfolge du hattest oder welche Herausforderungen du meistern musstest. Hebe dabei besonders die Aspekte oder persönlichen Qualitäten hervor, die du auch in Zukunft vorantreiben willst.

- Fange in deinem Umfeld an, einen engeren Austausch mit den Kollegen und Vorgesetzten zu pflegen, von denen du lernen kannst.

- Sei immer aufgeschlossen und blicke im nächsten Schritt über deinen Abteilungshorizont hinaus. Gelegenheit sind z.B. Seminare, Fortbildung, Events und Konferenzen, aber auch Kollegen aus Projekten, dein Freundeskreis und das Netzwerk deines Freundeskreises. Dein Netzwerk sollte im Wesentlichen gerade aus Personen bestehen, die du nicht sowieso jeden Tag siehst. Hierdurch erweiterst du deine Möglichkeiten.

- Biete deinem Netzwerk deine Hilfe an, wo möglich. Es gibt immer etwas, das man für andere tun kann, und sei es nur, sich in den eigenen

Kreisen beispielweise für Stellenbesetzungen umzuhören oder um selbst Experten oder Kontakte zu vermitteln. Biete deinem Netzwerk auch dann deine Hilfe an, wenn keine sofortige Gegenleistung zu erwarten ist. Ein Netzwerk lebt von längerfristigen Beziehungen. Solltest du wiederum irgendwann die Hilfe deines Kontaktes benötigen, frage ganz einfach danach. Das wird umso einfacher, wenn du diesem Kontakt bereits selbst deine Hilfe angeboten hast. Du wirst sicher nicht enttäuscht werden.

Short and simple: Jeder kann netzwerken, keine falschen Ausreden bitte.

10

Mehr fordern: Die nächste Stufe

Die Schritte 1 bis 9 bringen dich an einen Punkt, an dem sich nur wenige Arbeitnehmer befinden. Eine Sache ist jedoch besonders wichtig, wenn du Karriere machen willst – Schritt 10. Fordern im Job ist das, was dich bei guter Leistung am meisten nach vorne katapultiert und das du über diesen Weg selbst beeinflussen kannst. Du hast schon gefordert? Sehr gut, dann stelle deine Forderungen jetzt auf ein neues Level, denn das ist der ganz normale Fortschritt, wenn sich gute Mitarbeiter weiterentwickeln.

Aus diesem Grund brauchst du eine persönliche Agenda, die dir zur Orientierung dient. Gerade Frauen beschränken sich in Punkto Fordern immens in ihren Möglichkeiten, weil sie sich an irgendwelche scheinbar gegebenen Grenzen halten. Männer sind da ganz anders – vor allem im Job. Besser als Grenzen als gegeben hinzuneh-

men oder sie schlicht zu vermuten, ist es, sie aus-
zutesten. Solange eurer Chef aufgrund eurer Forderungen nicht durchdreht, habt ihr auch noch
nicht die Grenze des Möglichen erreicht.

Willst du Karrieresprünge machen, geht das nur
über ganz konkretes Fordern, beispielsweise nach
deiner Wunschstelle. Du musst dich aktiv in den
Ring werfen, um die Chance darauf zu bekommen.
Gleiches gilt natürlich auch für Titel oder Projekte.
Erfolgreiche Menschen sagen, was sie wollen, alle
anderen denken, die Angebote kommen schon
von alleine. Eine Situation, in der eine Stelle von
einem internen Bewerber besetzt werden kann,
der sich selbst eingebracht hat, ist in der Regel für
beide Seiten ein Gewinn. Für den Arbeitgeber ist
es der einfachste Weg, noch dazu kennt man die
Arbeit des Bewerbers und weiß, dass er motiviert
ist. Für den internen Bewerber ist es der nächste,
selbstgewählte Karriereschritt.

Das folgende Beispiel ist typisch für Frauen und
beruht auf der persönlichen Erfahrung einer meiner Seminarteilnehmer: Kurz vor dem Ende der
Probezeit hatte dieser sein Probezeitgespräch.
Hierauf hat er sich mehrere Stunden vorbereitet,

um seine Leistungen und Erfolge sowie seine Vorstellung zu weiteren Aufgaben darzustellen. Am Ende dieses Gespräches brachte er noch eine Forderung nach einer Gehaltserhöhung unter. Einige Monate später bekam er eine neue Arbeitskollegin, die nun auch ihr Probezeitgespräch hatte. Er fragte sie also, ob sie sich schon darauf vorbereitet hätte, woraufhin sie fragte, was genau er damit meine. Daraufhin erzählte er ihr, wie er sich vorbereitet und was er gefordert hatte. Sie entgegnete anschließend, dass sie sich das eher wie ein lockeres Gespräch über die allgemeine Stimmung vorgestellt hatte. Auch über das Gehalt zu sprechen, fände sie jetzt unpassend und außerdem hätte sie auch keine Zeit mehr sich vorzubereiten, weil sie gleich in den nächsten Termin müsse. Er legte ihr dann ans Herz ihre Prioritäten nochmals zu überdenken, auch gerade im Punkto Gehalt sich nochmals Gedanken zu machen und das Gespräch für ihre Zukunft zu nutzen. Schließlich sagte sie den Termin ab und bereitete sich vor, allerdings ohne den Punkt Gehalt einzubringen. Das Ende von Lied: Er hat 5% mehr Gehalt und spannende Themen bekommen und sie 0% mehr Gehalt und Themen. Sein Einsatz dafür waren gerade einmal ein paar Stunden. Es gibt keine Methode, bei der das Verhältnis von Einsatz und Belohnung so effektiv ist.

Diese Situation zeigt erstens sehr schön, was für einen Unterschied Fordern macht, und zweitens leider auch, warum manche Frauen im Job nie vorankommen werden. Selbst wenn einem die Möglichkeiten auf dem Serviertablett präsentiert werden, lehnen manche von uns sie ab – das ist nicht zu fassen und einer der Gründe, warum ich dieses Buch schreibe.

In diesem Schritt geht es also vor allem um persönliche Forderungen, die sich auf deinen Titel, deine Rolle und dein Gehalt auswirken – irgendwann solltest du im Job den Punkt erreichen, an dem du dich für diese Themen einsetzt. Selbst wenn du bereits eine hohe Position einnimmst, solltest du weiterhin regelmäßig fordern, um eine angemessene Entlohnung oder andere Formen der Wertschätzung im Verhältnis zu deiner Leistung zu erhalten, einfach, weil du es verdient hast.

Zu fordern und sich weiter zu entwickeln, führt viele gute Mitarbeiterinnen und Chefinnen früher oder später an den Punkt, an dem sie ihren bisherigen Chef verlassen. Insbesondere in dem Fall, in dem du dem Unternehmen erhalten bleibst, also lediglich intern wechselst, ist es nicht immer möglich, dies mit der Unterstützung deines Chefs zu erreichen. Das ist insbesondere dann nicht ratsam, wenn dein Chef Personalengpässe hat oder anderweitig durch deinen Wechsel in die Enge getrieben würde, zum Beispiel, weil du eine relevante Schlüsselposition einnimmst oder ein Projekt leitest, das du bisher sehr gut gemanaged hast. Im Idealfall solltest du allerdings mit deinem Chef schon einmal im Vorfeld über deine weiteren Entwicklungsperspektiven gesprochen haben, wenn du dich in deiner aktuellen Rolle nicht mehr genug herausgefordert fühlst.

Allerdings passiert es ab und zu, dass sich Entwicklungsmöglichkeiten und Chancen auf den nächsten Karrieresprung ergeben, ohne dass du diesen Punkt persönlich forciert hast. In vielen Fällen macht es dann Sinn nicht länger zu warten, sondern die Gelegenheit beim Schopf zu packen. Gerade Frauen wiederum scheuen immer noch viel häufiger als Männer das Ergreifen dieser spontanen Chancen, weil sie häufig die Befürchtung haben, der Aufgabe noch nicht gewachsen zu sein. Hier kann ich euch beruhigen, liebe Damen - Männer sind vielen Aufgaben auch nicht gewachsen, aber sie machen es einfach trotzdem. Selten ist es der Fall, dass Führungskräfte bereits Erfahrung zu allen neuen Herausforderungen einer Stelle haben, und das ist auch gar nicht zwingend erforderlich. Frauen sollten sich von diesem hohen Anspruch, der in der Jobrealität sowieso fast nie erfüllt wird, verabschieden. Das Credo lautet: Nimm die Chance wahr, alles andere lernst du, während du es machst.

Ein vertrauensvolles Verhältnis mit deiner Führungskraft ist absolute Voraussetzung, wenn es darum geht, deine Arbeit effizient und vor allem erfolgswirksam zu strukturieren. Dein Erfolg und deine Arbeitsbedingungen führen in weiten Teilen über die Agenda deines Chefs - mit einer Ausnahme - und das ist der interne Stellenwechsel. Verliert der Chef eine gute Mitarbeiterin an einen Kollegen, ist das für viele kein Grund zur Freude, vor allem dann nicht, wenn die Mitarbeiterin unvorbereitet geht, weil sich für sie beispielweise eine einmalige Chance aufgetan hat.

Nur sehr wenige professionelle Chefs sind in der Lage von sich aus zu erkennen, wann Mitarbeiter den nächsten Entwicklungsschritt gehen werden, geschweige denn, diesen sogar zu unterstützen, weil er ohnehin unausweichlich ist. Ich hatte das Vergnügen mit einem solchen Manager zusammenzuarbeiten, der die berufliche Entwicklung seiner Mitarbeiter nicht nur antizipierte, sondern sie regelrecht dazu aufforderte, Chancen zu ergreifen, wenn sie sich ergeben und sie zu suchen, wenn sie sich nicht ergeben. Dieser Chef brachte es sogar fertig, gute Mitarbeiter intern weiterzuvermitteln, wenn er erkannte, dass sie ohnehin nicht mehr lange in seinem Bereich bleiben würden, und zwar, um sie im Unternehmen zu halten. Ein genialer Ansatz, der jedoch in der Regel nicht der Praxis der meisten Chefs entspricht.

Aus diesem Grund solltest du dich zunächst, wenn sich für dich interne Aufstiegsmöglichkeiten ergeben, an den Chef der zu besetzenden Stelle wenden und mit ihm alles Weitere besprechen als auch mit ihm den Bewerbungsprozess durchlaufen. Unter Umständen ist es für das Betriebsklima besser, wenn der Chef der neuen Stelle mit deinem aktuellen Chef spricht, bevor du es tust oder gar die

Stelle offiziell annimmst. So kommst du aus der Schusslinie und gleichzeitig hat dein neuer Chef die Möglichkeit für einen harmonischen Haussegen zu sorgen.

Short and simple: Fordere deine Karriere ein.

1-10

Nachwort

Mein Anliegen war es, mit diesem Buch eine neue Perspektive der Diskussion und des Nachdenkens über das Vorankommen von Frauen im Beruf zu schaffen. Abseits der aktuellen politischen Debatten, ist es meine Motivation, Frauen dazu anzustiften, mehr Verantwortung für sich selbst zu übernehmen und sich im Job aktiver für die eigenen Belange einzusetzen - denn es geht, wenn man weiß wie. Erfolgreiche Menschen leben absolut selbstverantwortlich. Ihr Schicksal ist kein Zufall, auch wenn das für den ein oder anderen so aussehen mag, sondern das Ergebnis konsequenten Verfolgens ihrer persönlichen Agenda mit allen Mitteln. Mein Ziel war es, einige dieser Mittel, Methoden aber auch Ansichten vorzustellen, gerade auch in Abgrenzung zu den Irrtümern, an die Frauen im Job noch viel zu häufig glauben.

Denn das, was ich jeden Tag sehe, ist, wie viel zu viele Frauen absolut nichts für sich im Beruf tun, und zwar zum einen aus Unwissenheit über das wie, und zum anderen aus mangelnder Bereitschaft Selbstverantwortung überhaupt als Option zu erkennen.

Beides anzuregen, war mein Vorsatz. In Teil 1 ging es mir darum, zu erklären, welche Irrtümer uns als Frauen auf die falsche Fährte locken und uns daran hindern, beruflich die echten Spielregeln zu erkennen und das Richtige zu tun. Denn wir interpretieren die Welt mit unserer angelernten Frauenbrille, genauso, wie Männer die Welt mit ihrer Brille sehen. Nichts daran ist verwerflich oder falsch, beides ist wahr, es ist schlicht natürlich. Genau das führt dazu, dass wir das, was uns im Leben und im Beruf widerfährt unter dem Gesichtspunkt dieser Brille bewerten.

Doch genau das ist im Beruf häufig von Nachteil, weil die Entscheidungsträger, die in der Regel Männer sind, ein ganz anderes Wertesystem haben. Dieser Fakt führt dazu, dass die Bewertung und Interpretation von beispielsweise Erfolg, Kritik, Misserfolg, Anweisungen oder Lob für Männer und Frauen im Job nicht das gleiche sind. Erfolgreiche Menschen haben es geschafft dieses System zu verstehen und für sich zu nutzen, wobei erfolgreiche Frauen einen größeren Wissenssprung zurücklegen müssen, denn sie verfügen gerade nicht intuitiv über dieses Wissen.

Nur um Missverständnisse zu vermeiden: Mir geht es hier nicht um eine Genderdiskussion, sondern darum, Verständnis für das Funktionieren von Unternehmen zu schaffen, wie sie heute in der Praxis mehrheitlich existieren. Der Fakt, dass die Art der Sozialisierung dominanter Gruppen auch die Spielregeln des Systems beherrschen, das sie führen, ist schlicht nicht von der Hand zu weisen. Das gilt für alle institutionalisierten Systeme und Organisationen, und Unternehmen sind ein ganz wesentlicher Teil davon.

In Teil 2 ging es mir darum zu zeigen, wie dieses Wissen in die Tat umgesetzt und aktiv genutzt werden kann. Nichts ändert sich ohne diesen Schritt, ohne dass man die Dinge in die Hand nimmt. Die Einsicht, dass die meisten Unternehmen einer männlichen Sozialkultur unterliegen, ist dabei elementar, um zu verstehen, welche Handlungen in diesem System belohnt und welche bestraft werden. Immer wieder erlebe ich Frauen in meinen Seminaren, die diese Erkenntnis ablehnen, weil sie glauben, sie müssten sich wie Männer verhalten, um weiterzukommen oder schlicht weil sie die Auswirkungen dieser Sozialisation in Unternehmen nicht ernst nehmen. Hier kann ich nur jeder Skeptikerin raten, sich mit erfolgreichen Menschen auszutauschen und sie zu fragen, welche Kriterien eine Rolle spielen, um seine Ziele im Job zu erreichen oder noch besser, einfach mal für einige Monate nach diesen Spielregeln zu spielen und zu schauen, was sich ändert. Ihr könnt nichts verlieren, im Gegenteil! Männliches Verhalten gezielt einzusetzen, bedeutet übrigens noch lange nicht, ein Mann zu sein oder sich ausschließlich so zu verhalten. Frauen haben sehr viele Eigenschaften, die sie wunderbar im Job einsetzen können und die sie weitaus besser beherrschen als Männer, zum Beispiel, die Fähigkeit Menschen für eine Sache zu gewinnen oder Gruppenkonflikte zu steuern. Der Einsatz männlicher Verhaltensregeln ist einfach nur eine Erweiterung eurer methodischen Möglichkeiten, um eure Ziele zu erreichen. That's it - so simpel ist es.

Ich bin der Überzeugung, dass keine politische Diskussion oder Regelungen uns von der Aufgabe befreien kann, sich selbst zu fragen, was man für sich getan hat. Politische Regelungen sind nötig, aber sie sind kein Ersatz und schon gar kein Feigenblatt dafür, um sich der Verantwortung für sein Leben zu entziehen. Sie sind im besten Fall ein Bonus, im schlimmsten Fall eine Hürde. Wer erkennt, dass sehr vieles, was uns widerfährt, davon abhängt, ob wir Selbstverantwortung im Umgang mit dieser Situation übernehmen, wird auch sehen, dass die eigenen Möglichkeiten sehr viel größer sind, als für all diejenigen, die keine Selbstverantwortung tragen. Die Verantwortung für die eigene Lage bei sich zu suchen, ist der Schlüssel, um die Dinge, die passieren, aktiv zu lenken. Es ist das Gegenteil von Komfort-zone und Passivität.

Ich finde, dass Frauen diese Verantwortung im Job viel zu selten an den Tag legen und zwar nicht nur dann, wenn es um ihre Karriere geht, sondern auch bei sehr alltäglichen Dingen wie etwa, um andere Aufgaben zu bekommen, Anerkennung für ihre Leistungen zu ernten oder ihre Arbeitszeiten einzuhalten.

Zumindest im Punkto Wissen um die Spielregeln der Jobwelt kann es jetzt keine Ausreden mehr für dich geben. Die Verantwortung für dich zu übernehmen und dich für dich im Job einzusetzen, kann dir allerdings keiner abnehmen und es ist auch nicht immer entspannend - aber es ist immer ein Gewinn auf allen Ebenen.

Notizen

Was hast du mitgenommen und was willst du umset-
zen? Dinge, die wir aufschreiben, nehmen wir ernst
und speichern sie unterbewusst ab. Leg los:

Aktuelles Weiterbildungsangebot
des Business Kollektivs

Seminarreihen:

DON'T SAY MAYBE: Wie du dein Gehalt um bis zu 20% erhöhst

GET THE CHERRY: Wie du deine Erfolgsstrategie entwickelst und umsetzt

Online-Kurse:

DIE 10 SPIELREGELN DER JOBWELT

DER GROSSE KARRIEREKURS

Weitere Informationen:
www.businesskollektiv.de/kurse-co/